これからの学校を創る校長の
10のマインドセットと7つの思考法

喜名 朝博

国士舘大学教授／元全国連合小学校長会長

教育開発研究所

はじめに

本書は、２０２３年3月に2回にわたり実施した「新任校長研修」（主催・教育開発研究所）をもとにしたものです。

本研修会は、４月からの着任を控え、さまざまなご質問や不安にお答えする形で進めていきました。なかでも印象的だったのは、校長になる前の研修が十分ではなく、あまり情報もなく、不安が募っている先生方が多かったことです。それは、参加者同士のブレイクアウトルームでのお話の様子でもわかりました。

本書が、これから校長先生になられる先生方や、悩みながら学校経営に尽力されている校長先生方のご参考になればと思っています。

第1章では「校長の10のマインドセット」として、これからの校長として身につけておきたい心がまえを整理しています。校長独自の学びという視点で考え、参考にしていただければと思います。

第2章では「校長の7つの思考法」として、学校経営を担う校長の考え方を示しました。校長だからこその考え方や、ご自身の思考法を確立する際のヒントにしていただきたいと思います。

さらに1章・2章では、月刊『教職研修』（教育開発研究所）の読者から寄せられた悩みや不安、相談について、「10のマインドセット」と「7つの思考法」に対応したQ&Aを掲載しています。正解はひとつではありませんが、ご自身の学校に照らしてカスタマイズしていただければ幸いです。

第3章では、「新任校長研修」でご質問の多かった「グランドデザイン」の作成手順を示しました。グランドデザインをつくるという作業が、つくりたい学校のイメージと校長としての覚悟を確かなものにしていきます。ぜひ、グランドデザインをつくる作業を大切にしてください。

第4章では、現職の校長先生や、これから校長になるプレ校長に聞いた「校長としてスキルアップを図りたいこと」をもとに、校長に必要な資質・能力を10に整理し、それらを高めるための方策を解説しています。

巻末の付録では、着任前の3月までにしておきたいことをチェックリストにしてあります。また、着任早々発生するかもしれない危機管理を想定し、ご栄転の先生方に活用いただきたい内容になっています。

次の学習指導要領の議論が始まっています。「令和の日本型学校教育」の先にあるものは、大きな教育改革かもしれません。それが、現状の打開策になるか否かは、現場をあずかる校長の実践をもとにした知見と発信力にかかっています。そのためにも、校長同士の凝集性を高め、学び合う校長へと成長していくことが、今、求められています。

本書が校長の学びの端緒となり、校長同士の学び合いのツールとして活用いただけることを願っています。

目次

第2章　校長の思考法を身につける

序章　４月の校長「４つの仕事」

1 挨拶から始まる

４月、校長の新年度は挨拶から始まります。とくに新任や転任の校長先生には着任の挨拶の場が多くなります。教職員との出会いの挨拶、ＰＴＡや地域の方々への挨拶もあります。

●顔と名前を覚える

短期間でたくさんの人々との出会いがあり、顔と名前をなかなか覚えられないかもしれません。そんなとき、出会いの記念として写真を撮らせてもらいましょう。あとで見返してお名前を確認することができますし、プリントアウトしておいて次にお目にかかったときにお渡しすれば、話題にすることもできます。もし、名刺を交換した場合には、日時や学校とのかかわり等をメモしておくと記憶に残りやすくなります。

校長は地域の会合等にも参加することが多く、多くの人に顔を覚えてもらうことになります。しかし、相手はこちらを認識していても、こちらは覚えていない場合もあります。学校外でお目にかかったときに失礼にならないように気をつけることが大切です。

●感謝を伝える

校長になるということは、その学校の顔になることです。学校を代表して挨拶することは、保護者や地域の方々との良好な関係を築くための第一歩です。進んで挨拶することはもちろん、学校へのご理解・ご協力に対し、感謝の気持ちを伝えることを忘れないようにしましょう。このような校長の行動が、学校への信頼につながります。

2 原稿を書く

●学校だより・ホームページの挨拶は文字で残る

挨拶と並んで年度当初に多いのが原稿作成です。学校だよりやホームページの校長挨拶などの原稿作成が短期間で求められます。新任や転任であれば、簡単な自己紹介も必要になるでしょう。言葉での挨拶と違って、文字として残る学校だよりやホームページには、細心の注意が必要です。

その学校について知りたいと思ってまず見るのはホームページです。その見やすさや更新のスパンも含めて、校長の挨拶は学校の入り口であるといえます。

学校だよりやホームページ担当者からの依頼に対し、期限や文字数を守ることも大切です。また、その内容も、学校経営の柱として大切にしていきたいことを端的に伝えられるよう推敲を重ねていきましょう。

●対象に合わせた講話・式辞をつくる

新年度の準備期間もあっという間に過ぎ、いよいよ新学期が始まります。始業式の講話や入学式の式辞のための原稿も作成しておきましょう。

始業式では、子どもたち一人ひとりがこれからの1年をどう過ごすかを考えるヒントになるような話をしたいものです。

また、入学式は新入生向けと保護者向けに話の内容を分ける必要があります。新入生向けには、就学・進学の不安を払拭し、夢と希望をもたせられるような話を、保護者向けには学校と保護者が車の両輪として子どもたちを育てていくことを伝え、学校の教育方針を説明して理解と協力を得られるようにしていきましょう。

3 資料をつくる

●学校経営方針の作成・見直し

年度当初、校長にはさまざまな資料作成があります。人事関係の書類は提出期日までに遺漏なく作成しなければなりません。

また、学校経営計画や学校経営方針などの教職員向け資料は、対外的にも活用されることになります。新任や転任であれば、学校経営計画の作成には時間を要しますが、継続して学校経営にあたる校長先生も、前年度の学校評価を受けて改善することが鉄則です。いずれにしても、その前段となる学校経営方針を作成し、早い段階で教職員に示さなければなりません。

昨今、企業や自治体で導入されているＭＶＶモデル〔Mission：ミッション、Vision：ビジョン、Value：バリュー〕を学校経営に当てはめて考えると、教育目標に当たるのがミッションです。そのミッションを具現化するために、めざす姿を明確にしたものがビジョンであり、学校経営計画となります。さらにそのビジョンを達成するために、教職員が大切にすべき価値観や行動指針を示したものがバリュー、学校経営方針となります。

●教育目標を理解して作成する

とくに新任・転任の校長先生は自校のミッションである教育目標を分析的に理解し、学校経営計画や学校経営方針に反映していかなければなりません。この過程によって、その学校の校長となる責任と自覚を深めていくことになります。

年度当初はさまざまな資料作成がありますが、そのことによって教育者としての資質・能力を高められると考えれば、校長としての学びのチャンスとなります。

4　対外的な仕事

●地域行事・会合への出席で関係をつくる

学校の顔である校長は、地域の行事や会合に呼ばれることが多く、年度当初は予定が重なることもあります。しかし、地域とともにある公立学校にあっては、その関係性をよくしていくためにも積極的に顔を出すことが必要です。町会や自治会、健全育成団体や社会教育団体など、それぞれが子どもたちを見守ってくださっています。このような団体の集まりで学校としての日頃の感謝の気持ちを示し、顔を覚えていただくことも校長の役割です。

新学期には、春の全国交通安全運動があります。通学路では地域の方々が子どもたちの安全を守ってくださっています。そんな方々に感謝を伝えるために足を運ぶことも忘れないようにしましょう。

●校長会での仕事も把握する

また、校長の対外的な仕事として校長会があります。規模の大きい設置自治体では、地区ごとにグループを組んで地区校長会をつくっています。校長会は、他校と情報や課題を共有できる場であり、先輩校長の学校経営について学ぶ機会にもなります。

校長による自主的な組織である校長会の運営は各校長が分担して行います。経験を重ねるにつれ、校長会の仕事も増えていきます。

さらに、校長会からの推薦を受け、自治体や教育委員会が設置する会議体への参加、都道府県や指定都市の校長会の仕事なども増えてきます。4月、校長会で何を任されるのかを確認し、予定を立てておくことも必要です。

第1章

校長のマインドセットをもつ

マインドセット1

校長としての言葉・文章に細心の注意を払う

職の重みと責任を自覚する

校長は人前で話す機会がたいへん多い職です。集会や行事での子どもたちへの話はもちろん、保護者、地域、関係団体、校長会等々、急に挨拶を頼まれることもあります。同様に、対外的な文章を書く機会も増えます。学校から出す学校便り等の文章や挨拶文、さまざまな会報等への寄稿も依頼されます。これらは、すべてその学校の校長としての「言葉」であり、学校を代表する「文章」です。

その意味でも、校長は自らの言葉や文章に細心の注意を払う必要があります。言葉の端々、言葉選びのすべてに人格や教養がにじみ出ていきます。同じ言葉でも、教員と校長ではその意味が異なります。それは、学校を背負っているか、責任をもって発言しているか否かです。発言内容によっては、責任を追及されることもあります。

校長のマインドセットの第1は、「校長としての言葉・文章に細心の注意を払う」ということです。

校長としての職の重みと責任を自覚し、言葉や文章に細心の注意を払うことが、校長としての生き方を体現していきます。

着任時の最初の挨拶

４月、新任または転任の校長として着任した学校の教職員に、最初の挨拶をする場面を考えてみましょう。初めて会う教職員にどんな挨拶をしたらいいのでしょう。

教職員も、新しい校長はどんな人だろうと、校長の最初の話に興味津々です。そんな気持ちで聞いている教職員を前に発する言葉は、とても大切です。その言葉が第一印象となり、ある程度の判断がなされてしまうこともあります。「この人のもとならやっていける」「少し大変そうだ」など、それがすべてではないにしても大事な出会いでの言葉は印象に残ります。

「第○代校長として着任した○○です」という第一声から始めたとしても、次に続く言葉として、これまでどこで何をしていたか、前職や前任校の話は教職員にとってはあまり必要な情報ではありません。逆に、それを強調してしまうと、前職や前任校を引きずる校長として教職員との間に溝ができてしまうかもしれません。
次に続く言葉として、たとえば「子どもたちにとって、教職員にとって、よりよい学校を皆さんと共に創っていく覚悟です」としたらどうでしょう。
「子どもたちにとってのよりよい学校」は当たり前ですが、「教職員にとってよりよい学校」ということも絶対に口にすべき言葉です。子どもたちと教職員のウェルビーイングを実現していくのが校長の使命です。教職員の自己犠牲によって成り立つ学校教育は時代遅れです。それでも、教職員は子どもたちのために全身全霊をかけて職務にあたっています。そのことを理解し、感謝するという姿勢をもたなければ、よりよい学校創りは実現しません。

職員との関係を示す言葉選びのポイント

ここで「よい学校」と「よりよい学校」と言うのでは、少し意味が異なります。「よい学校」と言うと、それまで

第○代校長として着任した○○○○です。

それまでどこで何をしていたかは無関係

子どもたちにとって、教職員にとって　よりよい学校を

子どもたちと教職員のウェルビーイング
前任を否定も肯定もしない

皆さんと共に創っていく覚悟です。

協働する組織にしていく決意を

どうぞよろしくお願いいたします。

「ご協力ください」ではない

図1　着任時の最初の挨拶

はどうだったのかという話になってしまいます。「よりよい学校」ならば、前任の校長先生の学校経営を否定も肯定もしません。また、前任者の後を引き継いでなんとかやっていきたいということを強調すると、変化を期待していた教職員の士気を削ぐことになるかもしれません。考えすぎかもしれませんが、誤解を招くような言葉を使わないようにすることが「校長としての言葉・文章に細心の注意を払う」ことにほかなりません。

さらに、「皆さんと共に創っていく覚悟です」では、「共に」というところがポイントです。

協働する組織にしていくということが校長の使命だとすれば、「皆さんと創っていきます」とか「創っていきましょう」など、立場は違っても、校長も学校を創っていくスタッフの一人なのだと考えることが必要です。

あまり長くならないことと、余計なことを言わないことを念頭に、いくつかの大切なキーワードを伝えていきたいと思います。この後、学校経営計画や学校経営方針の説明など、詳細に伝える機会は用意されています。

また、新任の校長は「初めてですが」という言葉で保険をかけたくなりますが、それも余計な言葉です。一校を預かるという責任の重みは、新任もベテランも変わりません。

ある意味強気で、しかし、それを出さないようにしてシンプルに、素直な言葉で話すことで人間味が醸し出されます。

そして、締めくくりの言葉は「ご協力ください」ではないと思います。「ご協力ください」と言ってしまうと、主体性が欠如してしまいます。「よりよい学校を創っていくために、アイディアを出してください」とモチベーションを上げて終わると、印象が変わってきます。

マインドセット2
指示から支持へ

教職員を支える「サーバント・リーダーシップ」

校長のマインドセットの第2は、「指示から支持へ」です。

指示と支持、音は同じですが字が異なります。これまではピラミッド型の学校組織のトップに校長がいて、下にいる教職員に向けて指示をするといった、いわゆるトップダウンのような形でした。しかし、それは時代遅れであり、現場の声を吸い上げる、現場感覚を生かすといったボトムアップも大切だといわれるようになりました。矢印の向きが変わっただけでも、大きな変化でした。

さらに、時代が進み、組織のあり方や管理職のあり方も変わってきました。これからの校長は、教職員を支える＝支持するといった役割が求められます。いわゆる「サーバント・リーダーシップ」といわれる概念ですが、教職員一人ひとりが持てる力を最大限に発揮できるような場をつくり環境を整えることで、信頼を獲得し、主体性を発揮できるようにしていくことです。

校長は教職員の伴走者

ちなみに、サーバント・リーダーシップの反対は支配型リーダーシップです。カリスマ経営者に代表されるような支配型リーダーシップによる組織の凋落は、枚挙に

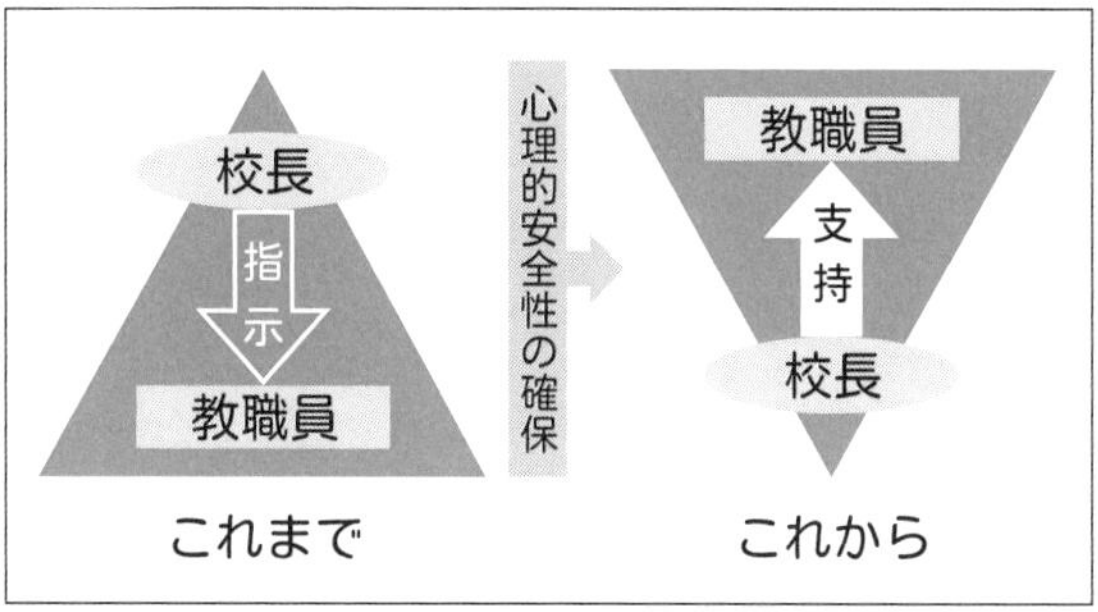

図2　「指示」から「支持」へ

いとまがありません。支配型リーダーシップは、強い指導力によって無理矢理ベクトルをそろえますが、サーバント・リーダーシップは、自らの力でベクトルを伸ばし、その向きを修正できるように環境を整えていきます。これは、学びに向かう力として、子どもたちの自己調整力を伸ばしていくことと同じです。そう考えると、校長は教職員の伴走者であり、組織のファシリテーターとしての役割が見えてきます。

学校における働き方改革も、教職員を支えるための動きです。また、健全な組織であるための職場の心理的安全性の確保も教職員を支持するための必要条件であるといえます。

マインドセット3
校長としての夢をもつ

校長としてのあなたの夢は何ですか。校長になる前は、校長になったらこうしたい、こんなこともしたい、こんな学校を創りたいという夢を抱いていたのではないでしょうか。しかし、いざ校長の椅子に座ると、日々の業務に追われ、そんな夢を忘れてしまいがちです。
そこで、改めて「校長としての夢をもつ」ことを、校長の第3のマインドセットとしました。

何のために校長になったのか

校長の夢とは、校長としてどう生きるかという自分自身にかかわるものと、理想とする学校・理想とする学校教育への夢といった教育にかかわるものがあります。そしてこの2つは多くの場合、一致していくように変化していきます。これこそが校長のマインドセットです。

ここで、改めて「校長としての夢は何ですか」と問いたいと思います。何のために、何をするために自分は校長になったのか、そしてこの任された学校で校長としてどんな夢をもち、その実現に向かっていくのかということを明確にしておくことが大切です。

校長の夢は、学校経営計画や学校経営方針、グランドデザインなどによって可視化され、広く社会に対し発信していくことになります。

その意味では、校長の夢はどんどん膨らんでいくものです。前職では思い描けなかった夢が、実際に子どもたちや教職員とかかわるなかでより具体的になっていきます。現任校で経験を重ねるうちに、より高みを求めるようになっていきます。夢をもつだけでなく、それをアップデートしていくことも校長の大切なマインドセットとなります。

「夢なき者に成功なし」

目標を実現するには、文字に書いて常に目にするところに貼っておくとよいといわれます。学校の教育目標がまさにそれですが、校長の夢については、それを語ることも大事であり、一方で胸に秘めておくということも大事なのではないかと思います。この微妙な感覚も校長のマインドセットです。

たとえば教職員に語って共有することで夢が実現することもあるでしょう。逆に教職員の負担になるので、今は胸中に納めておこうということもあるでしょう。その駆け引きは、まさに学校経営の機微であり、それを楽しむこともできます。

夢は心躍るもの、膨らませるものです。そして理想は現実的な状態であり、そこに近づいていくものです。その位置関係を考えると、夢はずっと先にあるものでワクワクするような存在です。理想というのは、その夢に近づくための現実的なひとつの節目のようなもの、目標のようなものであると考えることができます。

このことについて、吉田松陰が有名な言葉を残しています。

夢なき者に理想なし、
理想なき者に計画なし、
計画なき者に実行なし、
実行なき者に成功なし。
故に、夢なき者に成功なし。

論理的な展開ですが、結局、夢がない人には成功はないと言っています。

この松陰の言葉を逆から考えてみましょう。成功するということは実行の結果である。実行するには計画が必要である。計画するためには理想が必要である。理想があるということは、その先に叶えたい夢があることである。

この論法は、学校経営計画にも当てはめることができます。

理想を語ることは容易ですが、「校長としての夢は」という問

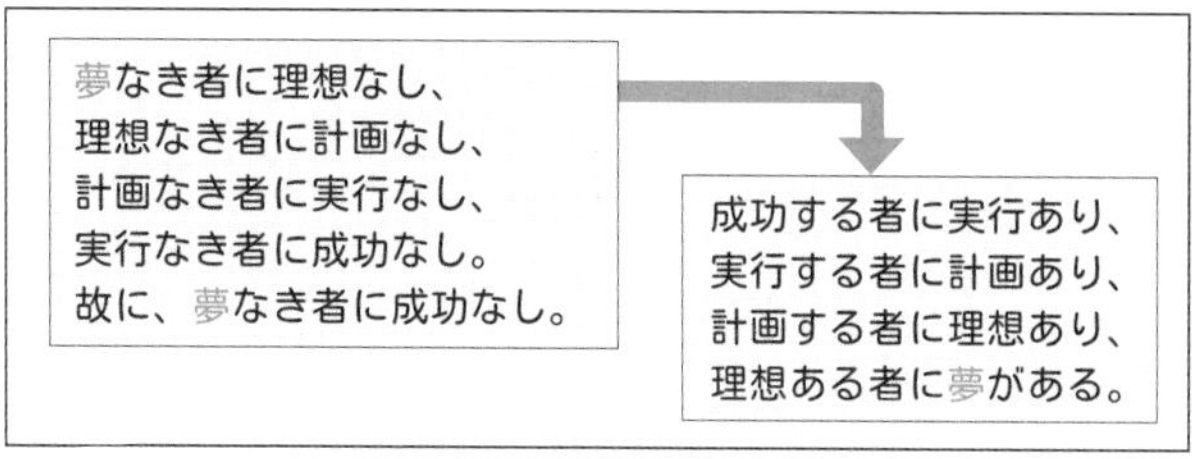
夢なき者に理想なし、
理想なき者に計画なし、
計画なき者に実行なし、
実行なき者に成功なし。
故に、夢なき者に成功なし。
成功する者に実行あり、
実行する者に計画あり、
計画する者に理想あり、
理想ある者に夢がある。

図3　夢なき者に成功なし

いに答えられるか、ということが重要です。言語化すると抽象度が増してしまうかもしれませんが、こんな学校にしたいという夢をもち、みんなに語って実現することもあるでしょう。また、あえて語らずに実現に近づけていくということもあると思います。

マインドセット4
理想の姿を想定する

「理想の姿」と「現実」の差が経営課題になる

「夢なき者に理想なし」、校長のマインドセットの第4は、「理想の姿を想定する」ことです。自分が任された学校をどんな学校にしていきたいのかという夢を描き、それを実現していくことが校長の仕事です。そして、その夢に近づくためのステップとしての理想の姿があります。現在の学校の状況をとらえ、その現実と理想の姿との差の部分（＝ギャップ）こそが、解決すべき課題であり、経営課題になります。

最初から理想的な学校などありません。もし、自校はすでに自分が理想とする学校になっていると判断したならば、さらにより高い理想を掲げ、高みをめざしていかなければなりません。

また、学校の状況を漫然と見ていても課題に気づくことはできません。理想の姿と比べながら観ることで、ギャップに気づきます。だからこそ、理想の姿を具体的に想定しておくことが重要になります。

校長が理想とする姿は、すでにどこかの学校で実現しているかもしれません。また、時代とともに理想の姿は変化していきます。その意味でも、校長は常に他校や社会の動きに関心をもち、自校に置き換えて考える習慣が求められます。そして、理想の姿を明文化し、掲げたものが学校の教育目標となりますが、このことについては後述することにします。

校長に必要な2つの見方

さて、登校時に子どもたちを校門で迎えたり、授業の様子を見て回ったりするとき、どんな見方をされているでしょうか。子どもたちも先生方もがんばっているなという肯定的な見方と、気になる子どもたちや担任の指導に課題を見出すといった課題発見的な見方があると思います。

校長には、この2つの見方が必要です。よさを見出し、さらに伸ばす。課題を明確にし、その解決を図る。これは、子どもたちを育んでいくことと共通します。学校はそのすべてが教育的に動いていることを忘れないようにします。

夢に近づくためのステップとしての理想の姿は、一朝一夕に実現するものではありません。子どもたちも教職員も入れ替わっていくなかで、その状態を保っていくことは容易ではありません。そのため、校長には長期計画が必要となります。

校長がその学校に在籍できる期間も限られています。在籍期間に最大限の努力をして理想に近づけ、その先は後任に任せることになりますが、校長の学校経営の足跡は「学校評価」として残っていきます。

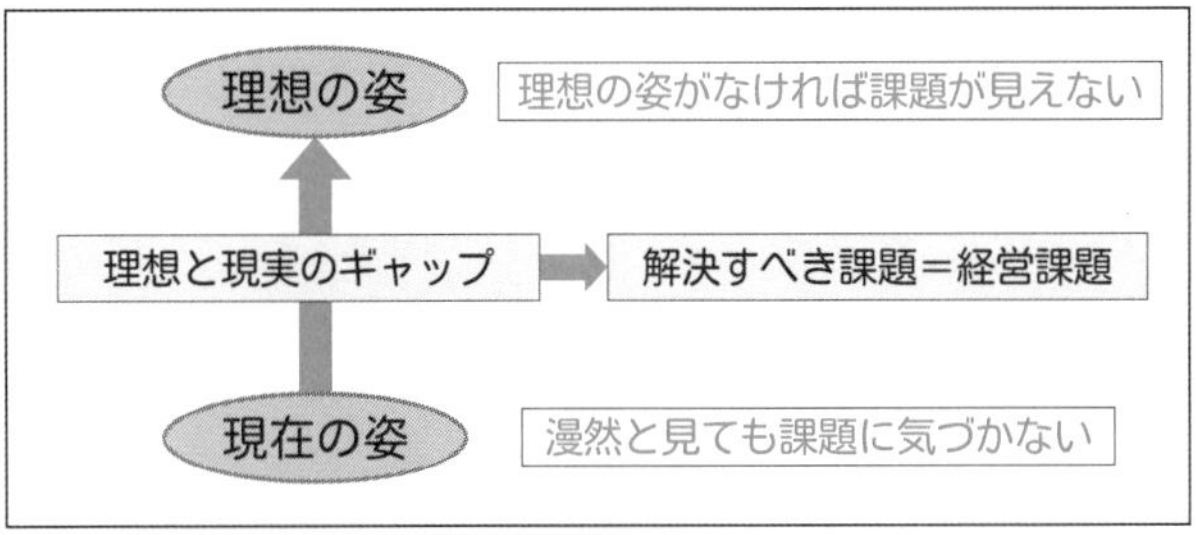
理想の姿
理想の姿がなければ課題が見えない
理想と現実のギャップ
解決すべき課題＝経営課題
現在の姿
漫然と見ても課題に気づかない
図4　理想の姿を想定する

校長が描いた夢、そのステップとしての理想の姿は、学校経営計画の重点項目として明文化されます。その進捗状況を数値化する学校評価は、学校経営の道標となります。

マインドセット5
現実を観る目を確かにする

理想と現実のギャップが経営課題となりますが、マインドセットの第5は「現実を観る目を確かにする」ことです。目の前の現実をいかに確実にとらえることができるか、現実をしっかりとらえることができなければ課題に気づくことはできません。この見方は、教員や教頭・副校長とは大きく異なるものとなります。

「何かある」と思って観る

現実を観る目を確かにするためのポイントは、最初から「何かある」と思って観ることです。

生活科で生き物探しをしている子どもたちの様子を観ていると、ただ何となく探している子は見つけることができないのに対し、ここには必ずいると思って探す子は見つけることができます。経験や知識がそんな行動を促しているのかもしれません。漫然と見ても何も見えない、観る目、観る視点をもって観れば必ず観えてくるはずです。

校長が学校を観る視点

ここで大切なのは、学校を観る視点です。それは校長の職務である4管理2監督（学校教育の管理、所属職員の管理、学校施設の管理、学校事務の管理、所属職員の職務上の監督、所属職員の身分上の監督）ということになりますが、これでは漠然としすぎており、よりピンポイントな視点が必要です。

たとえば、子どもたちの「靴箱」の様子を観る。子どもたちの靴がきちっとそろっている学級とそうでない学級、それを端緒に学級の状況を把握していくことができます。

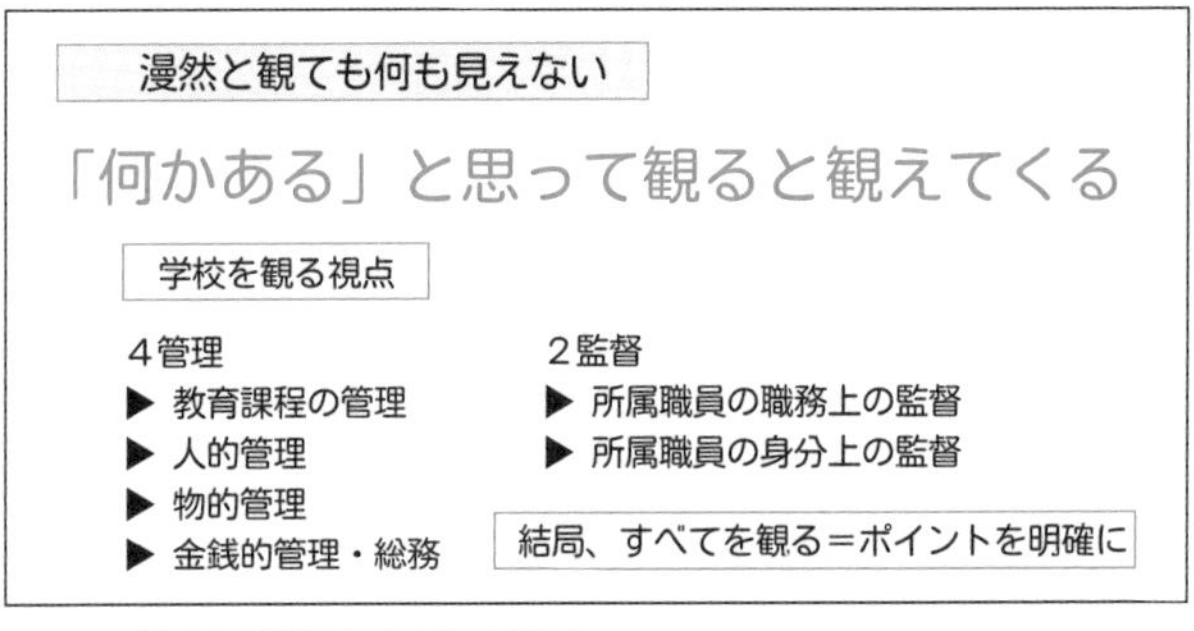

漫然と観ても何も見えない
「何かある」と思って観ると観えてくる
学校を観る視点
4管理
▶ 教育課程の管理
▶ 人的管理
▶ 物的管理
▶ 金銭的管理・総務
2監督
▶ 所属職員の職務上の監督
▶ 所属職員の身分上の監督
結局、すべてを観る＝ポイントを明確に

図5　校長が学校を観る視点

教室の荷物入れ（ロッカー）や子どもたちの筆箱を含め、３つの箱を観ると子どもたちの生活の状況やそれを支える担任の指導の状況が観えてきます。

また、教職員の会話からも、いろいろなものが観えてきます。何気ない会話のなかからも課題を見出すことができます。それは、一種の違和感のようなものです。現実を観る目を確かにすることは、ちょっとした違和感をそのままにしないということでもあります。

マインドセット6
情報収集力を高める

第６のマインドセットは「情報収集力を高める」ことです。学校改善には情報収集が欠かせません。収集する情報は、自校に関する情報であり、教育に関する情報ということになります。

情報はその気になって集めないと入ってきません。いかに情報を集めるか、また、いかに質のよい信憑性の高い情報を集めていくかがポイントになります。とくに校長は、その職務上「話す」ことや「書く」ことといったアウトプットが多くなります。その分、情報をインプットしておかないと空っぽになってしまいます。

情報収集は危機管理の第一歩

自校にかかわる情報収集としては、諸感覚を研ぎ澄ますことが重要です。耳をよく澄まして聞いていると、子どもたちや教職員の言葉から「あれ、これは大丈夫かな」という声が聞こえてくることがあります。いつもとは異なる子どもたちの声、サイレンなど、学校の外から聞こえている音も大事な情報です。

また、目に見えるものだけでなく、嗅覚情報も危機管理には欠かせません。異臭や何か燃えているような臭いも危機の前兆かもしれません。揺れ（地震）を感じたら、すぐに安全を確認する必要があります。さまざまな感覚を研ぎ澄まして情報収集力を高めていかなければなりません。

また、他校での出来事を他山の石とすることも必要です。学校に関する事件・事故は毎日のように発生しています。他校で起きたことは自校でも起きる可能性があります。その情報をもとに、自校の状況を点検したり、実際に起こったときの対応をシミュレーションしたりしておくことも危機管理の一環です。

国・自治体の動きに敏感になる

教育に関する情報としては、調査結果のデータがあります。さまざまな教育データも自校を振り返る重要な情報です。「問題行動・不登校等生徒指導上の諸課題に関する調査」「全国学力・学習状況調査」「全国体力・運動能力、運動習慣等調査」等の文部科学省等のデータ、各自治体が出しているデータを収集し、自校と比較・分析することで、自校の課題が明らかになっていきます。さまざまなデータは、自校の今を映す鏡となります。

また、中央教育審議会等の各審議会は、５年、10年先を見据えて議論しています。常に展望をもって学校経営にあたる校長にとっては、その羅針盤となる情報が含まれています。審議会の議論の様子や資料は、逐次文部科学省のホームページにアップされるので、最新情報を得ることが可能です。

同様に、都道府県や指定都市、設置自治体の教育施策などの動きも敏感に察知したいです。そのためには自身がしっかりとした教育に対する考えをもっていることが必要になります。「カラーバス効果」と言いますが、自らの興味・関心を高めていると、日常のなかでその特定のことに関する情報が自然と飛び込んでくるようになる現象があります。興味・関心を高めるとは、情報収集のアンテナを高くすることであり、アンテナを高くすれば、その分だけ情報収集力が高まります。

情報が入ってくる仕組みをつくる

さて、その情報収集力を高めるには、情報が入ってくる仕組みをつくっておくことが効率的です。文部科学省だけでも複数のメルマガを発信しています。それに登録しておけば、毎日決まった時間に文部科学省の最新情報が届きます。前述の中央教育審議会等の審議会情報もここでキャッチすることができます。教育系の出版社もメルマガやＬＩＮＥ等による配信の仕組みをもっています（教育開発研究所でも毎月２回「教職研修資料」の配信をしています）。

校長のInput法を身につける

諸感覚を研ぎ澄ます	子どもたちや教職員の言葉
他校での出来事を他山の石とする	同じことは必ず起こる
教育界の動きに敏感になる	ビジョンをもつ
情報が入ってくる仕組みをつくる	ICT機器の活用、書籍

図6　情報収集力を高める

それらをうまく使って情報を得ることをお勧めします。

ただ、それらの情報は、その範囲が狭まっていることに気をつける必要があります。より広く情報を取り入れるためには、時間を見つけて書店に足を運び、教育書に限らずどんな本が売れているのかを把握することで、世の中の動きを理解し、校長の見識を広げることにつながります。

マインドセット7
校長の視座をもつ

複数の視座を行き来できることが重要

校長の見識が広がるとは、視座を高くすることでもあります。そこで、７番目のマインドセットは「校長の視座をもつ」ということです。校長には、校長がものを観る視点だけでなく、「視点の高さ」が重要です。

たとえば担任は、自分の学級を見ていればいいかもしれません。教頭は自分の学校のこと、近隣の学校も含めて見るということがあります。校長はさらにもっと視座を高くして、日本全体または世界の教育の動向も把握しておく必要があります。

そして大事なことは、この視座を往還できる、行き来することができるということです。子どもの立場、その後ろにいる保護者の立場、そして教諭や教頭、学校関係者の立場等、視座を変えながら観ていくことができる、それが校長のものの見方・考え方です。

これができるということが、大事な校長の資質のひとつです。校長であっても子どもの立場に立って物事が考えられるということが教育者の基本であり、教師の立場、一人ひとりの担任の立場で考えられるということも経営者としての校長に求められるもの

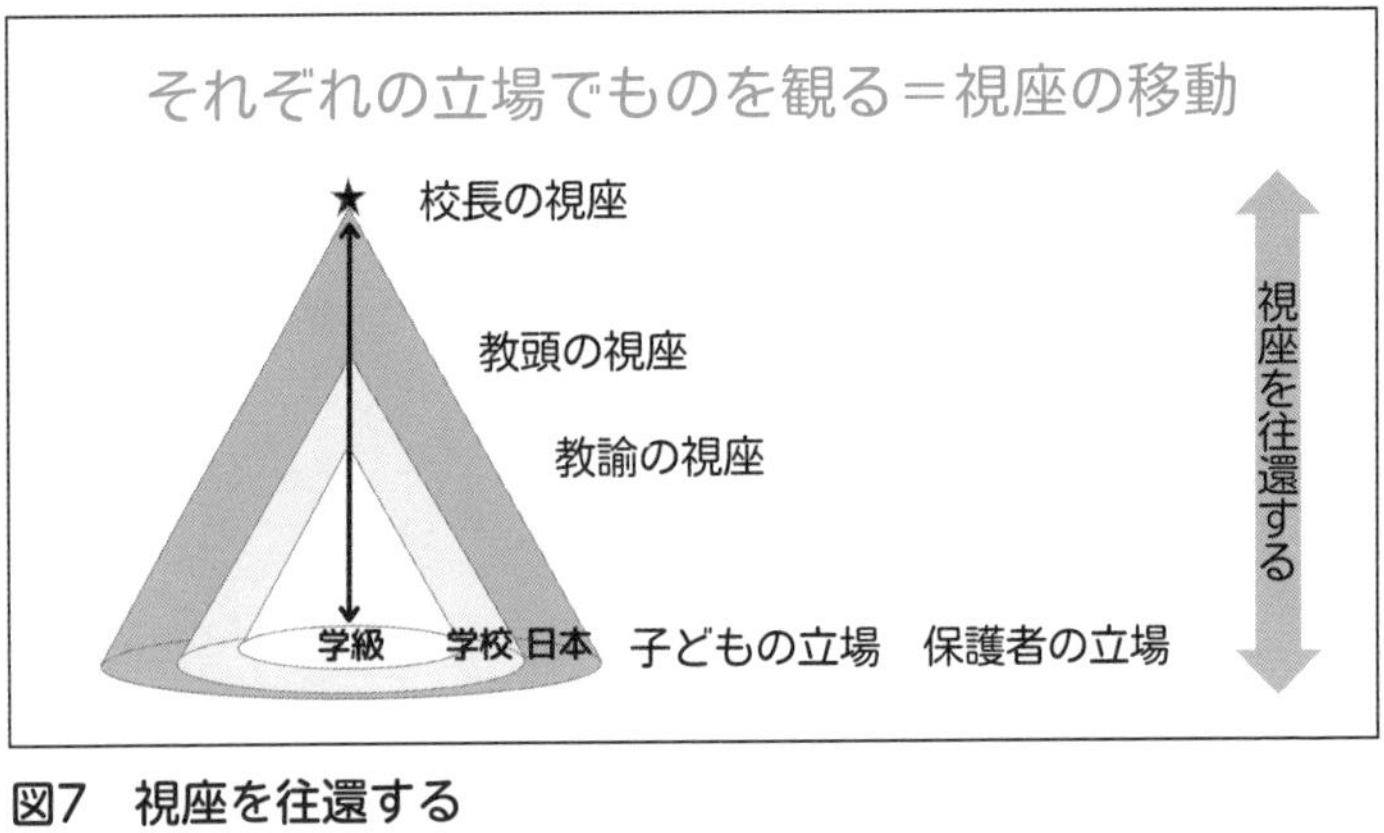

図7　視座を往還する

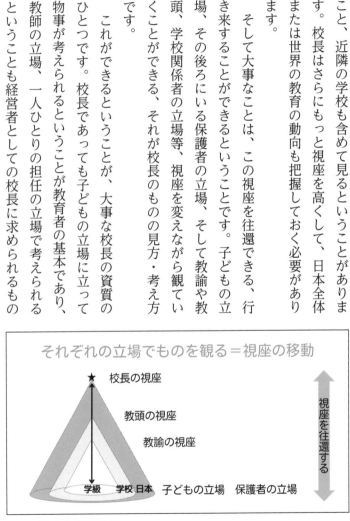

です。

校長先生は、校長室で何をしているのか

子どもたちの素朴な疑問である「校長先生には校長室があるのに、教頭先生にはなぜ教頭室がないのか」という回答のひとつは、校長がその視座を往還しながら、一人で考える時間と考える場所を保障するためだからではないでしょうか。

４月、５月になると1年生が学校探検で校長室にやってきます。校長の椅子やソファーに座って校長室にあるものを興味津々で見ていきます。そして、必ず質問されるのが「校長先生はここで何をやっているんですか」という問いです。

毎年聞かれるのに、私はいつもうまく説明できませんでした。「みんなが元気で、幸せに生活できるように考えているんだよ」と言っても、ピンとこないようです。結局、机上のパソコンを見て「校長先生は校長室でパソコンを打っています」と報告されてしまいます。

校長の仕事は多岐にわたっています。それでも、子どもたちがわかるように説明できることも、子どもたちの視座に立つということではないでしょうか。

マインドセット8

経営課題を時間軸で考える

時間を横軸、難易度を縦軸にして整理する

校長室を与えられている校長には、経営課題の解決という大きな仕事があります。校長のマインドセットの8番目は「経営課題を時間軸で考える」ということです。4つめのマインドセットとして「理想の姿を想定する」を示しました。現在の学校の状況をとらえ、その現実と理想の姿との差の部分（＝ギャップ）こそが、解決すべき課題であり、経営課題ということになります。その経営課題を整理するための重要な視点が「時間軸」です。

簡単には解決できない長期的に取り組むべき課題、日常的な取組によって習慣化を図っていく課題があります。一方、子どもたちや教職員の命や人権にかかわる課題など、緊急性の高い課題は時間との勝負です。

時間を横軸に、経営課題の難易度を縦軸に取ると、緊急性の高い対応は角度が急にな

ります。これは、難易度が高まりエネルギーが必要になることを示しています。逆に、長期的な対応には持続するエネルギーが必要です。自校の経営課題を時間軸で整理すると、取り組むべき内容と重点化の時期が見えてきます。

校長として限られた時間も意識する

配置された学校で何年勤務できるか、基本的には約束されていない場合が多いのではないでしょうか。自身の異動や定年といった期限も視野に、経営課題を考えていくことも必要です。

この経営課題は長期的に取り組んでいくのか、ある程度時間を区切ってやっていくことなのか。または、今すぐ取り組んでいくのか、といった判断が求められます。

校長としての時間は限られていることを意識しなければなりません。

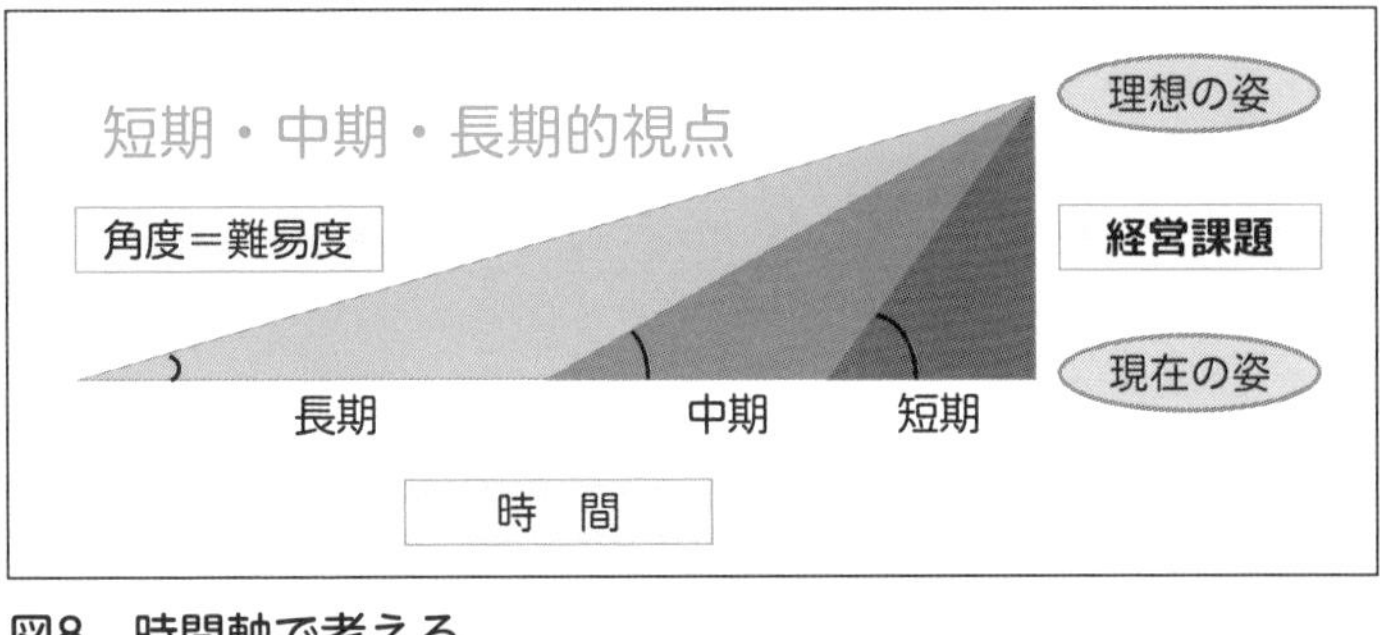

図8　時間軸で考える

マインドセット9
経営課題に軽重や順位をつける

経営課題を時間軸で考えることは、その課題に軽重をつけ、取組順位をつけることでもあります。そこで、9番目のマインドセットは「経営課題に軽重や順位をつける」です。ただ、学校には、軽重や順位に関係なく、常に取り組むべき経営課題があります。まず、そこから考えてみたいと思います。

マンネリ化を防ぐための工夫

たとえば、教育目標の具現化、学力向上、健全育成などは年間を通して常に取り組むべき課題です。学力向上や健全育成などの当たり前のことは当たり前にやってい

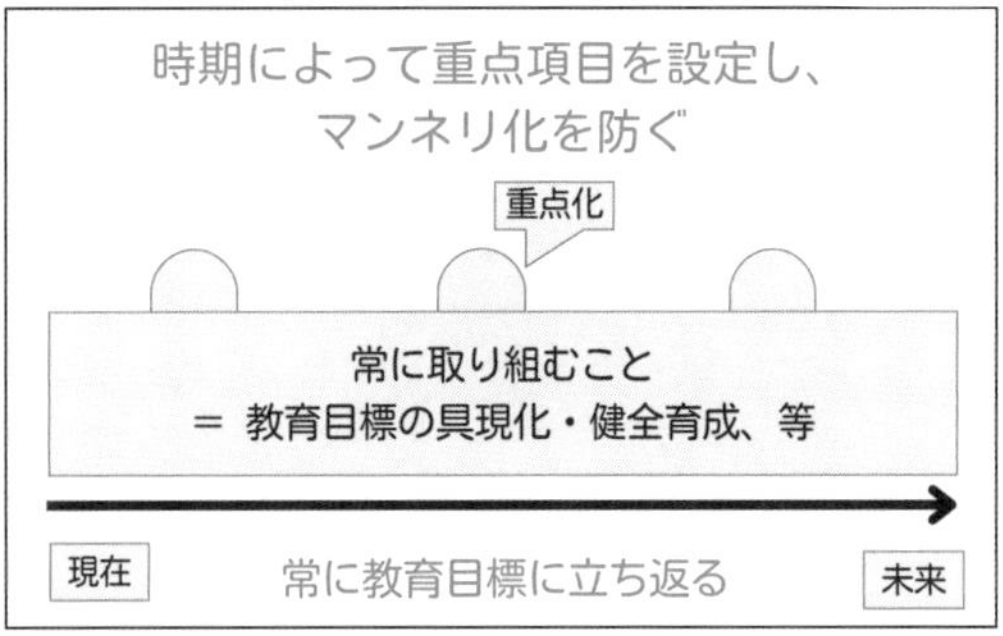

時期によって重点項目を設定し、
マンネリ化を防ぐ
重点化
常に取り組むこと
＝ 教育目標の具現化・健全育成、等
現在
常に教育目標に立ち返る
未来

図9-1　マンネリ化を防ぐ

くのですが、当たり前すぎて意識が薄くなっていくということがあります。
そこで、マンネリ化を防ぐために「○○重点月間」「○○重点週間」などの工夫により、教職員や子どもたちの意識を高めていく手法も取られています。

繰り返しを防ぐ

前項でも述べましたが、子どもたちや教職員の生命や人権にかかわる経営課題は最優先かつ短時間で取り組むことになります。それが初期対応ですが、一段落すると事後対応、再発防止対策の実施と進んでいきます。そして時間とともに収束していきますが、これを収束させてはいけないというのがポイントです。

時間が経ち、継続的な対応を忘れていくと、同じことが繰り返されます。この原因は、校長も含め教職員が入れ替わることで学校としての一貫性を失うからです。基

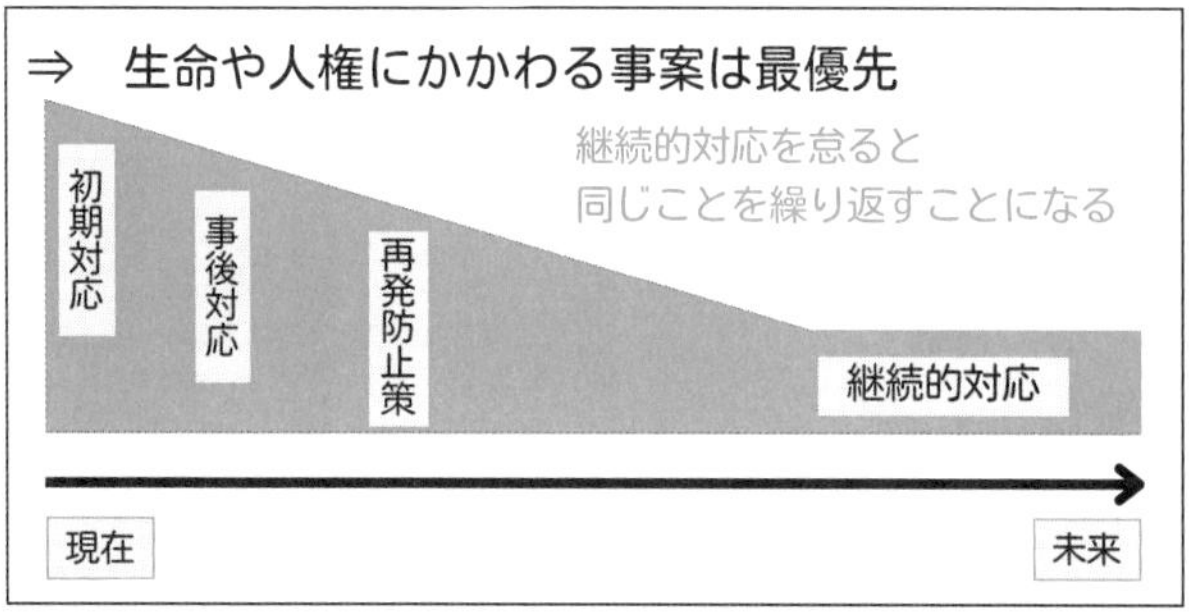
⇒　生命や人権にかかわる事案は最優先
継続的対応を怠ると
同じことを繰り返すことになる
初期対応
事後対応
再発防止策
継続的対応
現在
未来

図9–2　繰り返しを防ぐ

本方針や再発防止対策が時間経過とともにフェードアウトしてしまう、この事実が学校の組織としての成長を止めてしまいます。

これを防ぐためには、校長の学校経営計画に記載し、明文化して引き継いでいくといった取組が有効です。また、「防災の日」のように、一年に一度、全校をあげて振り返ったり、学び直したりといった場をつくることも効果的です。

マインドセット10
学校改善の手法を身につける

身につけたい手法と校長に求められる能力

最後のマインドセットは、「学校改善の手法を身につける」ということです。

たとえばOODA《ウーダ》ループ〔O：Observe・観察、O：Orient・判断、D：Decide・決定、A：Action・実行〕の手法があります。日々の観察と違和感からスタートする意思決定・行動の手法として注目されています。子どもたちや教職員、学校のすべての様子を見るということから始めて、理想とのギャップを課題として判断し、改善の具体策を決定して実際に行動に移す。この繰り返しによって学校改善を進めていきます。このような学校改善の手法を、長期的または短期的に進めていくことがポイントです。

このとき、校長に求められるのが、令和４年の中央教育審議会答申「『令和の日本型学校教育』を担う教師の養成・採用・研修等の在り方について～「新たな教師の学びの姿」の実現と、多様な専門性を有する質の高い教職員集団の形成～」でも示された、「アセスメント」と「ファシリテーション」です。

校長になることは、教員のゴールではありません。校長としての学びの始まりです。

改善し続けるということは、学び続けることでもあります。10のマインドセットが学び続ける校長の指針となれば幸いです。

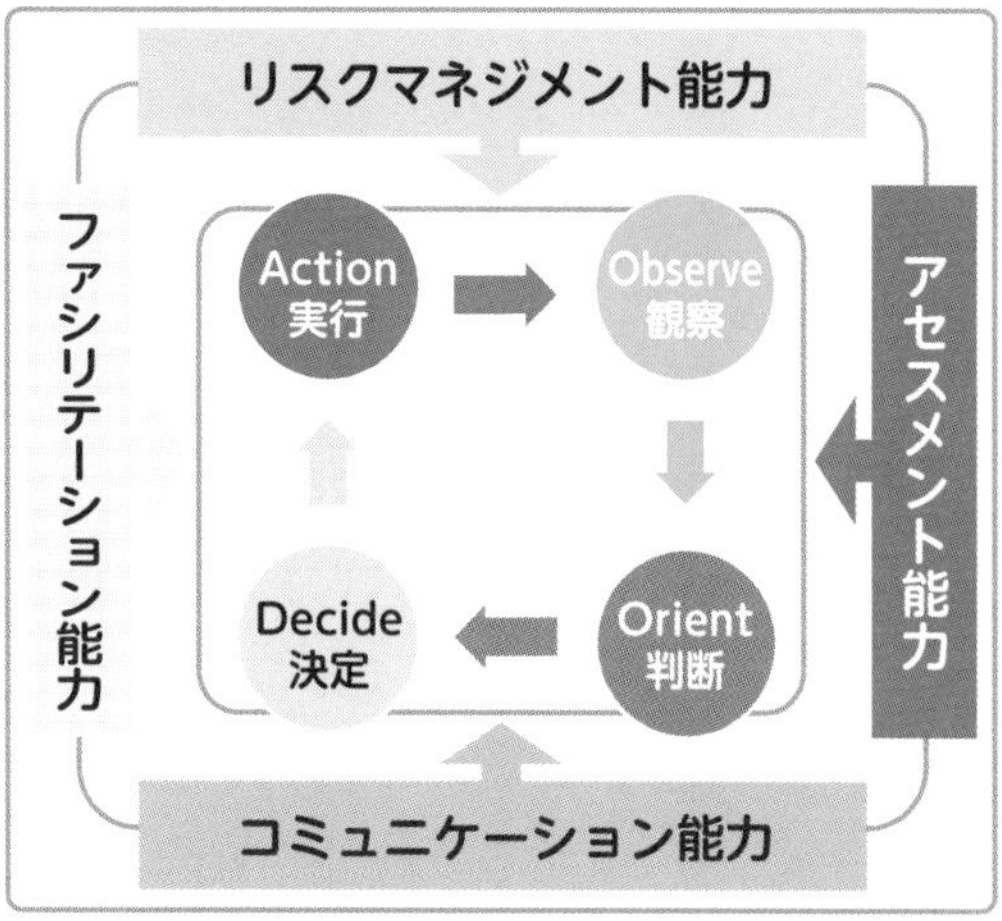

図10　校長に求められる能力

コラム1　学校の教育目標を実効性あるものにする

●そもそも、学校の教育目標とは

校長室や各教室の正面に掲げられている学校の教育目標。毎日のように目に入っているので覚えている子どもたちも多いと思います。

では、自校の教育目標が策定されたのはいつでしょう。歴史のある学校だと開校当時の校訓のようなものがそのまま教育目標として設定されていることもあるかもしれません。また、歴代の校長先生のどなたかが考えたものが継承されているかもしれません。

策定や改訂の記録は、意外と残っていないものです。公立学校の教育目標は、私立学校のように建学の精神を示したものとは異なります。その地域の子どもたちのための学校として「どんな子どもたちを育てたいか」を明文化したものです。教育目標は、教職員や子どもたち自身がその実現をめざして行動していくものです。さらに、社会に開かれた教育課程として、保護者や地域と共有することも求められています。

では、現在の学校の教育目標は、子どもたちの実態を反映しているでしょうか。

現行の学習指導要領総則には次のような記載があります。

1　各学校の教育目標と教育課程の編成
教育課程の編成に当たっては、学校教育全体や各教科等における指導を通して育成を目指す資質・能力を踏まえつつ、各学校の教育目標を明確にするとともに、教育課程の編成についての基本的な方針が家庭や地域とも共有されるよう努めるものとする。その際、第５章（中学校：第４章）総合的な学習の時間の第２の１に基づき定められる目標との関連を図るものとする。（傍線筆者）

学校が育成をめざす資質・能力と自校の教育目標は合致しているでしょうか。「元気な子」のように漠然とした目標は、資質・能力と関連づけることはできますが、どんな姿をもって「元気な子」といえるのか、またどうすれば「元気な子」になるのかといった行動目標にはなっていません。それを明確にすることが、総則がいう「各学校の教育目標を明確にする」ことです。

●めざす子どもの姿をもとに見直しを図る

学校の教育目標を実効性のあるものにしていくために、見直しを図っていきましょう。まず何よりも、子どもたち自身が「どんな人間になりたい」と思っているのかを考え、意見表明する機会をつくることです。これは、こども基本法の趣旨を体現することにもなります。そして、保護者や教職員、地域が考える「どんな子どもたちを育てたいか」と融合させていきます。

次に、その実現のためにどんな行動を取ればいいのかを明確にし、行動目標としてあげていきます。たとえば「元気な子」になるためには、積極的に運動することだけでなく、自分で考えて行動するといったことも考えられます。

さらに、それらを順位づけし、言葉を整理していきます。もちろん、現行の教育目標を前述のような視点で価値づけし直すということも考えられます。その場合は、子どもたちに、実現するために何をするか、どう行動するかを考える場をつくり、共通理解を前提とした共通行動が取れるようにしていきます。

●教育目標を学年・学級目標と関連づける

教育目標を筆頭に、学校にはさまざまな目標があります。それらの関連性が明確になっていないのが問題です。前述のように、学校の教育目標と学校の総合的な学習の時間の目標を関連づけることは総則に示されています。道徳教育や特別活動の全体計画も、教育目標の実現をめざすようにつくられているはずです。

しかし、各学年の目標や学級の目標は、各担任が子どもたちと相談しながらつくっており、学校の教育目標と必ずしも関連していないのが実情です。学校がめざすものと、学年や学級がめざすものに大きな乖離はないかもしれませんが、ひとつの学校のなかで目標がいくつもあると、それぞれの存在価値が薄れてしまいます。そこで、学年・学級目標と教育目標を関連づけることを考えていきます。

はじめに、教育目標を実現するための道筋が校長の「学校経営計画」であることを押さえておきます。教育目標を実現するための取組を重点化し、さらに具体的な取組を明記します。そして、いつまでに何をするか、その成果を測る指標を具体的に示したものが学校経営計画です。

この学校経営計画を、学年・学級で考えていくのが「学年経営計画」「学級経営計画」です。その意味でも、この3つの経営計画は、教育目標を共有していなければなりません。教育目標を実現するために、学年や学級として何をめざしていくかを明らかにしたものが、学年目標、学級目標となります。

●経営計画のフォーマットを工夫する

学年・学級目標と教育目標の関連を意識させる方法として、経営計画のフォーマットを工夫するということが考えられます。学年経営計画の上段に学校の教育目標を明記し、その下の段に学年目標を記載する欄をつくります。学級経営計画も同様に、教育目標、学年目標の下の欄に学級目標の欄をつくっておきます。年度当初、学年や学級開きの前に教職員に配付し、教育目標を実現するために、学年や学級として何をしていくかを目標とするよう説明しておきましょう。

各担任が子どもたちと目標を考えるときも、まず学校の教育目標の内容を説明し、これを受けてどんな行動をとればそこに近づくのかといった、具体的な行動目標を考えさせるようにします。「○○する」といった行動目標になっていれば、子どもたち自身の振り返りが容易になり、明日に生かすことができます。

ところで、教育目標のように理想とする姿をめざすものを「状態目標」、「○○ができるようになる」といった具体的な到達点を示したものを「結果目標」と言います。状態目標や結果目標に近づくために何をするかを明確にしたものが「行動目標」です。

学校のさまざまな目標を、その関連性や種類で整理することも必要です。これは、子どもたち自身が立てる目標も同様です。「○○をがんばる」ではなく、そのために何をするかといった行動目標で考えていくと意識が高まります。

Q&A 校長のマインドセットに関するお悩み

1 校長としての言葉・文章に細心の注意を払う

Q1－① 教職員への指導・助言をする際、どんな言葉をかければよいか迷うことが多くあります。どのようなことを意識すればよいでしょうか。（小学校・２年目）

A 学校にはさまざまな教職員がいます。資質・能力や性格、志向しているものも異なります。子どもたちの教育に求められている「個別最適な学び（指導の個別化と学習の個性化）」は、教職員にもあてはまります。教職員一人ひとりに応じた指導・助言とともに、その個性に応じた方向性を共に探ることが必要です。そのためにも、教職員一人ひとりの資質・能力や性格等、あらゆる角度からの理解を深めておきましょう。

指導・助言としての言葉がけで気をつけるべきは、「言葉を選ぶ」ことです。具体的には次の3点に配慮したいと思います。

①言葉の受けとめ方は人によって異なる

同じ言葉をかけても、人によって感じ方は異なります。その要因には、その人との関係性や置かれている状況、言語理解能力の違いなどがあります。人はその時の気持ち次第で、他者の言葉をプラスにもマイナスにも受けとめ得ることを理解しておきましょう。その人に対してよかれと思った言葉も、真逆に受けとめられることがあります。だからこそ、相手をよく理解しておくと同時に、今の状況をしっかり把握したうえで話をしなければなりません。

②ハラスメント発言に注意する

言葉の受けとめ方は人によって異なりますが、ハラスメントにかかわる発言は厳に慎まなければなりません。性差別や能力差別、学歴等々、自らの無意識の偏見（アンコンシャスバイアス）を見つめ直し、そのような言葉は頭から消し去るべきです。たとえば「○○のくせに」「○○だから」と言った瞬間に、自身の偏見を露呈することになります。ハラスメント発言は、管理職としての資質・能力を疑われるものです。

③軽々に約束しない

その教職員の資質・能力や性格に合致した指導・助言を心がけるなかで、たとえば「○○すれば、異動できる」といったような約束を軽々にしないことです。校長の発言には責任が伴います。不確定なことや憶測で発言すると、教職員もそれを信じたり、混乱したりすることになります。それを避けるための手法が「例として話す」ことです。かつてこんな事例があった、こんな取組で改善したことがあったなど、知っている事実を例として伝えることで、考えるヒントを与えることができます。最終的な判断は教職員に任せるのが助言です。一方、明らかに瑕疵や配慮不足がある場合には、事実のみを指摘して具体的な改善方法を共に考える姿勢が重要になります。

Q１－②　プレゼンやスピーチの際、準備しても緊張し、うまく話すことができません。また、説得力のある話ができず、威厳がないので不安です。（プレ校長）

A　全校集会や学校行事での挨拶や講話、学校を代表しての地域や団体でのスピーチなど、校長には話す機会がたくさんあります。緊張したり、うまく話せなかったり、不安に思うのは当然です。しかし、挨拶や講話で大事なことは、流れるような話ではなく、相手に何を伝えられたかです。校長の講話や挨拶では、次の5点に留意したいです。

①対象を意識する

全校集会や全校参加の学校行事であれば、対象は全学年の子どもたちということになります。小学校では1年生と6年生の言語理解力の差が大きく、1年生にわかるように言葉を選ぶ必要があります。また、地域の方々が対象であれば、学校を代表して伝えるべきことがあるはずです。

②目的を明確にする

子どもたち向けの講話は、その場面によって目的が異なります。始業式であれば、新学期への期待と目標を持たせることが目的です。地域やPTAの会合等では、日頃の学校への協力の感謝を伝えることです。目的を明確にすれば、おのずと話す内容が決まってくるはずです。

③多くを話さない

話の中に多くのことを盛り込むと目的がぶれてしまいます。また、時間も長くなり印象が悪くなって逆効果です。話の構成も授業と同じように、「導入・展開・まとめ」で考えるとイメージが湧きます。導入はなるべく短く、展開の内容を主発問とすれば、多くても1つか2つになるはずです。人は最後に聞いた話が印象に残るので、まとめでは短い言葉で伝えたいことを振り返ります。

④自分ならではのテクニックを持つ

話の内容をフリップに書き、それを提示しながら話をすると、聴き手の印象に残るだけでなく、話のプロットにもなって話しやすくなります。また、子どもたちのよい行動や校長が感動した場面などの具体例をあげて話すと、子どもたちだけでなく地域の皆さんにも具体的に伝わり、学校はがんばっているぞと思ってくださいます。そのためにも、子どもたちの様子を見ながら話や原稿のネタを探しておきましょう。

⑤原稿をつくる

入学式や卒業式では式辞として原稿を作成し、推敲を重ねます。そこまでの準備はできないとしても、日常でも簡単な原稿をつくっておくと安心です。もちろん、それを読みあげるのではなく、つくりながら覚えておく程度です。原稿作成の際、生成ＡＩの力を借りれば、ゼロから考える必要がなくなります。

Q2—① 教職員のなかには、たくさん働きたい人、長時間働くことに充実感があり、幸せに感じている人もおり、働き方改革はむずかしいと感じています。そのような教職員のマインドセットを変えるには、どうすればよいでしょうか。

（特別支援・6年目以上）

A 子どもたちが楽しくわかる授業、力が身につく授業をめざして教師は努力を惜しみません。それが教師の本来の姿であり、そのことが勤務時間という意識をなくしています。また、長時間在校することががんばることだと思い込んでいる教職員もいます。学校はいまだ、決まった時間内で最大の効果を出すという働き方が根づいていません。

●時間と仕事に関する概念の転換を進める

物理では仕事を、〔仕事　＝　力　×　距離〕と表します。人の仕事に置き換えてみると、〔仕事　＝　能力　×　時間〕となります。同じ仕事をするにも、能力が高ければ短時間で終わります。能力が低ければ時間が必要です。現代社会では、より効率的に仕事をすることが求められており、時間をかけて仕事をすることは、能力がないと判断されます。

しかし、学校ではこの公式が当てはまらない部分があります。それは、ゴールとしての仕事の量と質を自分で決められることです。より高みをめざせば、おのずから時間は長くなります。また、能力と時間は反比例します。

ここで最大の問題は、ゴールとして自らが決めた仕事の量と質に、妥当性はあるのかということです。子どもたちや教職員の姿や反応で評価されるべきですが、自己満足で評価していることはないでしょうか。

学校の働き方改革の目的は、教職員の心身の健康を確保することで、よりよい教育を進めていくことです。子どもたちのためと思って勤務時間を考えずに仕事をすることで疲れ、そのまま子どもたちの前に立っていては、よい教育はできません。効率的に仕事を済ませて自分の時間をつくることも、子どもたちのためであるという概念転換を進めていきましょう。

●仕事の実績を支持しながら、働き方の見直しをサポート

また、校長には教職員の健康安全を守る義務があります。時間外勤務を命じたか否か

にかかわらず、また、教職員が自主的に長時間勤務を行ったとしても、安全配慮義務を負うことになります。最悪の事態を想定するという危機管理の原則からは、是正措置に向けた行動が必要です。

学校全体では、すでに行われている勤務時間の把握と定時退勤日等の設定があります。個別には、教育委員会の協力を得ながら、月45時間の上限を超える時間外勤務をしていた教職員の把握とともに、時間外勤務の時間が過労死ラインである月80時間を超える教職員については校長が個別面接を行うとともに産業医の面接を受けさせるなどして、自らの働き方を自覚させる必要があります。

とくに、校長との面接では、具体的な仕事内容や長時間勤務になる理由を明らかにしていきます。ここでは、これまでの仕事の実績を認め支持しながらも、自覚していない疲れや変化に気づかせていきます。自らの働き方についての振り返りを通して、やる気の方向性を自ら修正できるようにしていくことが校長の役割です。

個々のマインドセットは、環境の影響を受けます。明るく元気な学校の雰囲気を醸成していくことで変わっていくことも期待されます。

Q2―② 教職員にどのように「任せるか」、どのように「伸ばすか」、自分の経験則だけではうまくいかないと思うので、不安です。（プレ校長）

A 人材育成の神髄をついた言葉が、上杉鷹山《ようざん》の言葉にインスパイアされたといわれる山本五十六《やまもといそろく》の次の言葉です。

やってみせ　言って聞かせて　させてみて　ほめてやらねば　人は動かじ
話し合い　耳を傾け　承認し　任せてやらねば　人は育たず
やっている　姿を感謝で　見守って　信頼せねば　人は実らず

●内容・目的・理由を明確にして任せる

今の教育の考え方では、「やってみせ、言って聞かせて」のように指示するのではなく、まず「自分で考える」ことを大切にします。先に「自分」がなければ、主体性は発揮されないと考えます。

その際、明確にしなければならないのが「何を任せるのか」「何をめざすのか」「何のために任せるのか」といった内容と目的、任せる理由です。ただ任せるのではなく、何を何のために、なぜ任せるのかを丁寧に説明する必要があります。「任せたよ」の一言に思いを込めてしまっても、任されたほうは途方に暮れるだけです。

「説明し、自分で考え、させてみて」と言い換えられますが、それを可能にするのが教職員とのコミュニケーションです。話を聞き、支持して承認する。「いいね」ボタンをたくさん押してあげることです。「何のために任せるのか」は、教職員としての力量を上げるためにほかなりませんが、期待とともにそれもしっかり伝えます。

さらに、ここで聞き出したいのが、任されることへの不安や見通しです。心理的安全性を確保する意味でも、不安や悩み、疑問を言ってもいいんだということを実感させられるとよいでしょう。また、その不安に応えるような指導・助言によって自信をもたせていきます。

●子どもたちを育ててきた経験則を人材育成に生かす

人が伸びるのは、困難を乗り越えたときです。その困難をどう設定するかが、人材育成の基本となります。能力にかんがみて、少しハードルが高いことが重要ですが、ここでむずかしいのが能力をどう見極めるかです。子どもたちと同様、少しハードルが高すぎると思っても、想像以上に力を発揮する場合があります。いわゆる「伸びしろ」の部分も含めて、資質・能力と考えた方がよいのかもしれません。そして、この「伸びしろ」

の正体が、その教職員の強みです。

人材育成では、育成課題を明確にすることに重点が置かれますが、その教職員の強みや得意分野を把握して生かすということを忘れがちです。コミュニケーションを通して、個々の強みを把握し、それを生かして自信をもたせていきましょう。

学校における教職員の人材育成は、特別なことではありません。学校が子どもたちを育てる手法とまったく同じです。その意味でも校長の経験則は、実績に基づいたものであるはずです。

3 校長としての夢をもつ

Q3－① 教育委員会や校長会への忖度がまん延しているように感じます。地区全体で取り組むことと自校だけでやれることのバランスをどう図り、実現していけばよいでしょうか。（小学校・6年目以上）

A 「○○スタンダード」に代表されるように、日本の義務教育は画一化の方向に流れているように見えます。定型の授業をすれば授業の質が担保できるという発想は、もはや形骸化し、個々のスタンダードの意味を考えずに授業が進められています。子どもたちの主体性も教師の創意工夫する力も発揮されていません。

●特色ある学校づくりとは、子ども・地域の実態に合った取組をすること

教育課程に関する教育委員会の縛りも多く、「特色ある学校づくり」という言葉は死語になりつつあり、校名を変えればどこの学校でも当てはまるような教育課程が増えています。本来、教育課程の編成権限は校長にありますが、教育委員会の意向に沿わなければ受理しないという縛りによって学校の教育課程は硬直化しています。

校長会も足並みをそろえることをめざすようになっています。この背景には、経験年数の少ない校長の増加とコロナ禍が影響したと思われます。公教育の責任を果たすことを、平等という視点からだけ考えたため、思考が止まってしまいました。足並みをそろえることに懸命になり、足踏みをしているのが現状です。

特色ある学校をつくっていくことは、他校と違うことを行うことでも、人目を引くようなことをすることでもありません。子どもたちや地域の実態に合った取組をすることです。学校は、地域も子どもたちもそれぞれ異なります。その地域の教育リソースを生

かすこと、目の前の子どもたちに必要な教育を行うことを計画したものが教育課程です。

それを地域全体で考えようとしているのが、教育委員会の施策です。それを総論と考え、各学校は各論だと考えれば、必要以上に忖度することはありません。教育委員会の施策や方針を自校に合わせてカスタマイズすることが校長の役割だといえます。

●校長にしかできない「カスタマイズ」

校長が理想とする学校に近づけるために、どうカスタマイズしていけばいいかも含めて「校長の夢」と考えればわくわくしてきます。なぜなら、このカスタマイズは校長にしかできないからです。マインドセット９とも関連し、経営課題に軽重や順位をつけるのは校長の判断によります。取り組むか取り組まないかではなく、学校の教育課程にどう溶け込ませて、説明責任を果たせるかを考えていきましょう。

校長会の動きも同様です。たとえ近隣の学校であっても、地域も子どもたちも教職員の状況も異なります。それを前提に自校に合わせてカスタマイズすることが重要です。ただし、公立学校である以上、単に独自路線を走ればいいということではありません。学校の独自性を出すことで他校や近隣地域にどのような影響があるかを想定し、説明する必要があります。校長会は、本来そのための場であったはずです。効果的な実践や汎用性の高い実践はベストプラクティスとして共有し、校長会の財産としていけばいいのですが、自校さえよければいいという狭い発想が校長会の機能を低下させています。教育委員会も校長会もそのあり方が問われています。それは自己改革によって成されるものであり、校長一人ひとりが自覚を深めなければなりません。

コラム2　校長会のあり方

職能団体としての校長の集まりが校長会です。校長会はその範囲によっていくつかの種類があります。

①設置自治体の校長会

○○市校長会、○○町校長会のように、設置自治体のなかにある小学校長や中学校長の集まりです。地域の規模によっては、さらに地区ごとにいくつかの学校の校長が集まる地区校長会のようなものもあります。また、特別支援学級を設置する学校の校長で構成される特別支援学級設置校長会などもあります。

設置自治体の校長会も、教育委員会の主催で校長が集められるものと、校長が自主的に集まるものがあり、自治体によっては服務上の扱いが異なる場合があります。

設置自治体の校長会の役割は、その自治体の教育施策や教育課題の共有です。さらに、校長同士の情報共有や研修による相互研鑽も重要な機能です。また、校長会の運営にかかわって、さまざまな役割が与えられます。教育委員会が主催する各種会合や会議に参加したり、連合行事等にかかわる事務を分担したりします。

いずれにしても、設置自治体の校長会は、校長としての資質・能力を高める場です。教育長の話から自校の経営を振り返ったり、先輩校長の学校経営を学んだりといった、さまざまな学びを自分のものとできるよう、高い意識をもって参加することが期待されます。

②都道府県の校長会

各都道府県には、○○県校長会のように任命権者の自治体の校長会があります。総会などで一堂に会することもあるかもしれませんが、定例の会合は、設置自治体の校長会の代表が参加しています。そこでの情報は設置自治体の校長会で共有されることになります。都道府県の校長会は、都道府県教育委員会の情報を得たり、各地区の校長会の情報を共有したりといった場になります。同じ県内でも、地域によって施策や学校の状況は異なることがわかり、視野が広がります。

③全国規模の校長会

各都道府県小学校長会の連合体が、全国連合小学校長会（全連小）です。各都道府県校長会の会長等が理事として参加します。ここでは、国の教育施策についての情報共有や研修により、校長としての力量形成をめざしています。10月には全国持ち回りで全国大会を実施しています。全国連合小学校長会の研究大会は、校長の学びの最前線であり、その成果は全国の小学校長で共有されます。

また、小学校長の代表として中央教育審議会に参加したり、文部科学省や財務省等に対し、要望活動や提言を行ったりしているほか、機関誌『小学校時報』を毎月発行しています。

同様に、各都道府県中学校長会の連合体が全日本中学校長会（全日中）です。10月には、全日本中学校長会研究協議会が持ち回りで実施されます。国へのかかわりなどは全連小と同じです。機関誌『中学校』を発行しています。

各都道府県の特別支援学級等を設置している校長会の連合体が、全国特別支援学級・通級指導教室設置学校長協会（全特協）です。特別支援学級の管理運営に関する調査研究や、特別支援教育一般についての研修活動等を行っています。

Q3−② 赴任校のそれまでの積み重ねを尊重しながらも、学校運営を改善しようとしたときに、教職員の合意や納得を得られるのかが不安です。（プレ校長）

A　学校という組織は、メンバーが交代しながらも脈々と受け継がれていきます。子どもたちも入学と卒業によって入れ替わっていきます。去年の学校と今の学校の構成メンバーは異なりますが、学校としては歴史を重ねていきます。まるで、テセウスの船のパラドックスです。

その学校は歴史のなかで、教育実践を積み重ねてきています。それを尊重することは大事なことです。しかし、校長が描く夢、理想とする学校の姿とのズレもあるはずです。

ここで整理しなければならないのは、積み重ねには、顕在的カリキュラムと潜在的カリキュラムがあるということです。前者は、教育課程に代表される具体的な教育活動です。一方後者は、子どもたちの行動様式や校内に流れる空気感のようなものです。

●完全な合意形成ではなく、丁寧な説明を心がけて説得する

顕在的カリキュラムとしてのこれまでの取組を継続するか否かの判断は、資質・能力への効果と、そのために必要な時間という視点によります。継承してきたものはすべて

よいものであるという論理は成り立たず、学校行事の精選と同じような視点で考えていくべきです。一般的に教職員は、変化を嫌います。変化することで仕事が増えるといった負担感が先行します。このことが学校改革のブレーキとなっていました。

確かに何かをやめたり変えたりするには、教職員の合意や納得が必要かもしれませんが、完全な合意形成をめざすよりも、丁寧な説明を心がけるべきです。教育の動向、自治体の教育施策、自身の学校経営計画などをもとに説明していきます。校長が描く夢を語り、そのための取組を始めるには、何かをやめる、いわゆるスクラップ&ビルドの考え方を伝えていくことが必要です。

また、学校改善で最も重要なのは、潜在的カリキュラムです。生徒指導にも表れるように、子どもたちの生活の状況は、良くも悪くも学校全体に広がっていきます。もし、いい空気が流れているならば、それを継続することを考え、変える必要があるならば、全教職員でどうすればいいかを考えて行動しなければなりません。

前からいる教職員は、その空気に慣れてしまっていますが、着任した校長や教職員は、すぐに違和感をもつはずです。しかし、しばらくすると前からいた教職員と同じように何も感じなくなってしまうことに気をつけなければなりません。

●暗黙知から脱却し、可視化により改善を図る

学校運営も同様です。学校には、その学校の暗黙のルールのようなものがあり、校長も含め、転入教職員は、まずそのことに慣れなければなりません。まさに古く悪しき学校文化です。心理的安全性の視点からも、すべての学校運営は可視化されなければなりません。暗黙知ではなく、システム化と明文化を図っていきます。

その契機となるのが学校の情報化です。校務支援ソフトの活用により、学校運営をより効率的に改善していくことができます。また、学校の組織的運営を担保する意思決定のシステムを明確にし、システム化することで責任の所在が明らかになります。

学校をよりよくする、教職員が働きやすい学校にするという目的を明確にし、学校運営の改善を図っていきましょう。そのためにも、教頭・副校長、教務主任との協議を重ね、どのように周知徹底していくか、組織をどう動かすかといった戦略も必要です。

コラム3　赴任してすぐ、どこまで変えてよいのか

「新しい校長は着任したばかりなのに何かと細かい」「これまでの校長の経営を

否定しているようだ」そんな声が聞こえてこないだろうか……。ご心配はわかります。しかし、着任時こそ改善のチャンスです。確かに、4月からさまざまに改善を加えていったら、年度のスタートで混乱してしまいます。だからといって、1年間は様子を見ようでは時機を逸してしまいます。

マインドセット8「経営課題を時間軸で考える」、9「経営課題に軽重や順位をつける」にも関連しますが、校長として看過できない状態にあれば、それはすぐに改善するべきです。たとえば、教職員の休憩時間に学校として会議時間を設定するようなことは、学校としての責任が問われることであり、すぐに改善する必要があります。大事なことは、法令遵守の原則です。それは、教職員の生命と人権を守ることであり、学校や校長自身を守ることにもなります。

一方、そこまで緊急性を要しない課題は優先順位を決めていきます。その際、ビジネス業界で用いられている「時間管理のマトリックス」で整理するとよいかもしれません。縦軸を「重要度」、横軸を「緊急度」として4つの箱をつくり、そこに気づいた課題を入れていきます。緊急度と重要度の高い課題に位置づけられた課題が、最優先に取り組むべき課題となります。

この作業で迷うのは、重要か否かの判断です。それは、校長としての見識や学校経営の考え方が問われる場面でもあります。同様に、緊急度については、手をつけないことのリスクを考慮する必要があります。

着任し、学校の様子を見ていくと、何かと気になることや違和感をもつことがあります。気になったことや違和感が改善の始まりです。忘れないようにノートに記録したり、写真を撮ったりしておきましょう。そして、前述の方法等で、取組の優先順位を考えていきます。時間をかけて改善していく重要な課題は、学校経営計画の重点項目として1年間かけて取り組んでいくことも考えられます。

改善には方略が必要です。それは、手順を踏み、段取りをつけていくことです。その際に最も重要なのが教職員との関係づくりです。組織はメンバーの良好な関係性を前提に動いています。教頭・副校長はもちろん、学校運営の柱となる教務主任等の基幹職員、そしてすべての教職員と話をし、関係性を築いていきましょう。職場の心理的安全性の確保は、管理職が率先して実践していくものです。人間関係ができてくれれば、校長が課題だと思っていることを教職員から伝えてくれるようになります。そうなれば時期を待つことなく、課題解決が始められます。

組織を動かすための方略をもっているのが校長です。常に状況を観察し、判断して方略を練り、実行していくのが課題解決的学校経営です。

Q4―① これまで私が勤務してきた学校と、教頭が勤務してきた学校の校風が大きく異なり、価値観や優先順位が合わず、折り合いのつけ方がむずかしいです。どのように関係をつくっていけばよいでしょうか。（小学校・1年目）

A 人は、自らの経験した範囲でしか物事を考えることができないといわれます。それを補完するには、先人の経験を追体験する必要があります。それが読書であり、勉強です。これまでの経験だけで思考し、価値観が硬直化すると、新しい発想は生まれません。

これまで経験した学校を規準に自校を見る、前任校と比べてしまうのは当然ですが、前任校と同じ学校にしようと思うことは間違っています。それは、自校の実態を無視して枠にはめようとする行為です。

だからこそ、校長が描く理想の姿は、どこかの学校の焼き直しではなく、目の前の子どもたちの実態に基づくものでなければなりません。この子たちのためにこんな学校にしたいという思いが大切です。

●教頭の視座にも立ったうえで、校長としての理想を語る

マインドセット７「校長の視座をもつ」とも関連しますが、教頭には教頭の視座（考える視点の高さ・立場）があります。校長にも校長の視座がありますが、前述したように校長の視座は移動できることが特徴です。教頭の視座に立てば、教頭の考えの意図がわかるはずです。そのうえで、視座を戻し、校長としての理想を語ることが重要です。教頭は、共同経営者ではありますが、同じ立場ではなく、無理して折り合いをつける必要もありません。

教頭には、校長の学校経営計画の具現化という役割があります。職務上の判断や優先順位決定も、学校経営計画が根拠になります。まず、そのことを確認し、行動できるように育成していかなければなりません。そのうえで、学校の状況について協働して分析していく作業を進めるとよいと思います。

また、ただ話し合うだけではなく、思考ツールなどを使って作業しながら分析し、共有していくとよいでしょう。それを作品として共有したり、教職員に説明させたりすることで教頭の価値観が広がっていきます。

●教頭を育成することで、学校運営が円滑に進む

教頭の仕事の進め方は、それぞれが確立していくものです。職務のなかで何を優先するかは、教育者としてのあり方が問われる場面です。常に自分の仕事を優先し、教職員の相談を後回しにする。これでは教職員の信頼を得られず、職員室の雰囲気も悪くなります。保護者対応にも誠意が見られないと、保護者との関係も悪くなります。

逆に、自分の仕事は後回しにして子どもたちや教職員の要望に応えたり、危機管理としての初期対応を迅速に行ったりしていけば円滑な学校運営が実現します。学校で発生する問題は、時間が経つほど解決がむずかしくなります。教頭の働き方次第で、その問題を最小限にできることも事実です。

教頭の育成も校長の重要な職務です。教頭がその資質・能力を発揮すれば、教職員が働きやすくなるだけでなく、学校運営も円滑に進みます。また、未来の校長を育てるという意味では、校長の視座、校長の思考過程を見せていくことも心がける必要があります。教頭の仕事の様子からその成長を確認し、承認していくことで、モチベーションと資質・能力が高まっていくことを期待したいものです。

コラム4　校長と教頭・副校長どちらも異動してきた場合の対応

人事の状況によっては校長も教頭・副校長も異動者ということも想定されます。

年度当初は、校長も教頭・副校長も手探り状態かもしれませんが、そんなとき頼りにしたいのが、実質的に学校運営を担っている教務主任です。少なくとも、新年度の教育課程や教育計画の立案をしている教務主任に聞くことが一番です。前任の校長も、管理職の同時異動がわかった時点で、教務主任にさまざまなことを託しているはずです。

一方で、いくら学校のことを知り尽くしている教務主任でも、人事情報について聞くことはできません。前任者からの情報と自らの観察で得た情報を基本にするべきです。また、教頭・副校長と情報を共有し、教職員にかかわる情報を集めていきましょう。

学校運営上の疑問は、積極的に教職員に尋ねましょう。そのこと自体が教職員とのコミュニケーションのチャンスとなります。尋ねられた教職員もけっして悪い気はしないはずです。

同時異動で不安に思うのは最初の数週間です。学校が動き出せば、不安を感じている暇もなくなります。逆に、先入観のない校長と教頭・副校長が感じた違和感を共有しながら、自校の課題を明らかにできるというメリットもあります。

Q4―② 指導力が足りない教員をどう指導すればよいのか、不安です。（プレ校長）

A　人材育成は学校経営の柱となり、組織的な対応が求められています。また、教員の年齢層に関係なく、一定の割合で指導力に課題のある教員がいることも事実です。指導力に課題のある教員には、他の教員とは別の対応が必要ですが、それは、単に指導力が足りないというよりも、資質に欠けることが考えられるからです。

教員に期待される資質について、文部科学省の「公立の小学校等の校長及び教員としての資質の向上に関する指標の策定に関する指針」（令和4年8月31日改正）では、次の5つを示しています。

①教職に必要な素養　／　②学習指導　／　③生徒指導　／
④特別な配慮や支援を必要とする子供への対応　／
⑤ICTや情報・教育データの利活用

●メタ認知力、教職に必要な素養、指導技術をトータルで育てる

①の「教職に必要な素養」は、学習指導を始め②～⑤の基礎になるものです。具体的な要素としては「豊かな人間性」「使命感」「責任感」「教育的愛情」「人権意識」「倫理観」「社会性」等があげられています。これらの要素を視点に指導力の足りない教員を客観的に見ていくと、納得できることもあるのではないでしょうか。

指導力が足りない教員を指導する際は、単に授業力を上げるとか、すべての基本となる児童生徒理解の力を上げるというものだけではなく、責任感や社会性といった教職に必要な素養も合わせて向上させていく必要があります。

さらに、最も大切なのは、メタ認知力の向上です。指導力の足りない教員の多くは、自分はしっかり授業をしていると思っており、うまくいかないのは子どもたちに原因があると主張します。客観的に自分を見ることができない、または見ようとしないのは、メタ認知力の低さに原因があります。メタ認知力、教職に必要な素養、具体的な指導技術をトータルで育てていくことを考えていきましょう。

●到達目標を決め、自身の力で改善していく実感をもたせる

まず、対象の教員について、どんな姿になってほしいのか理想の姿を想定します。最

初からハードルを上げるのではなく、スモールステップで「○○ができるようになる」といった具体的な到達目標を決めていきます。教員の困り感を聞き出し、到達目標を共有したら、具体的な場面と指導技術を一緒に考えます。その際、当該教員が自信をもってできることを盛り込んでいくと取組意欲が高まります。

実践の場面では、到達目標にのみ焦点を当てて観察します。その後、自身で振り返らせ、成果と課題を明確にしていきます。さらに、校長からのフィードバックを受けて、次の課題を明確にしていきます。行動と振り返りの繰り返しと、身についたことを実践していくことでメタ認知力が上がっていきます。自身の力で改善していくという実感をもたせることが必要で、その実感が教職に必要な素養にも影響していきます。

コラム5　人材育成をどう進めていくか

若手教員や経験年数の浅い教員が増えるなか、人材育成は学校経営の柱になっています。管理職でなくても、先輩教員として誰もが人材育成にかかわっています。年齢バランスが取れていた時代の学校には、人材育成のシステムが文化として根づいていました。しかし、状況の変化と共に、学校運営と並行して人材育成を進めていく必要がでてきました。

人材育成のポイントは、「組織として人材育成を進めていくこと」「育成にかかわる人材が育成されていること」の2つです。組織として人材育成をどう進めていくかを考えていきましょう。

第1に、人材育成の対象は誰かということです。初任者等の若手教員や経験年数の浅い教員が想定されますが、学び続ける教師を体現するためには、すべての教職員の育成を図るということを考えることが必要です。教務主任等の基幹職員には、学校の柱となるための力量が必要です。中堅教員には若手教員育成の責務があります。経験年数や職層によって期待される資質・能力があり、日常の業務に当たりながらその力を高めていくことになります。これが冒頭の2つのポイントです。組織運営を人材育成の視点で考えていくことが重要です。

第2に、教員一人ひとりの育成課題を明確にすることです。一般的な教師の資質・能力向上のための指針等は、文部科学省や都道府県等の教育委員会が示しています。それらを参考に教員一人ひとりをアセスメントしていきますが、人事評価制度等の仕組みと連動させることで、より客観性が高まります。また、自己申告等の面接の機会に育成課題を共有し、教員の職務目標としていきます。

第3に、人材育成の方法を考えていくことです。基本的には、日々の授業や職務の改善を日常化するといった、いわゆるOJTが基本です。そのためには、授業や校務分掌を通した改善や指導・助言の仕組みをつくっておく必要があります。校務分掌では、その中心となる教員がメンバーの職務への指導・助言をします。このとき、その教員が最も能力を発揮することになり、育成にかかわる人材として力量が上がっていきます。

さらに、個別や経験年数に応じたグループで研修を行うことです。しかし、より効率的に研修を行うには、教員の研修でも「個別最適な学び」と「協働的な学び」を考えていくべきです。育成課題に応じた個別最適な学びを前提に、授業研究の研究協議のように学校全体で協働的な学びを実践することで、学校全体の学びが深まります。ここでは、研究協議会の持ち方を工夫し、教員一人ひとりが明日の授業に生かせるようにすることを考えます。

第4に、人材育成の結果（＝教員の成長）を評価し、価値づけすることです。面接等を通して客観的に成長を伝え励ますとともに、次のステップへの課題を明確にしていきます。このとき、関与している他の教員の人材育成の状況についても聞き取り、人材育成力や組織への貢献等についても評価、価値づけしていくことでモチベーションが高まっていきます。

5 現実を観る目を確かにする

Q5―① 教職員に欠員がいる一方で若手教員が急増しており、その育成がむずかしくなっています。人員不足のなかで若手を育てるには、どのようにすればよいでしょうか。（小学校・６年目以上）

A 慢性的な人材不足に加え、若手教員の増加と教員採用選考の低倍率化によって、採用後の育成が必須になりました。学校は育成疲れという負の連鎖に陥っています。小規模校では、さらに厳しい状況です。このような状況のなかでも、育成を図っていかなければ学校の教育活動が成り立ちません。特別に時間を設定するのではなく、日々の業務を通して力をつけていくことを考えていきます。

●「学び合う組織」の実現に向けた「心理的安全性」の確保

人材育成の代表的な手法である、ＯＪＴ（On-the-Job Training）は、実際に仕事をしながら職務への理解を深め、必要な知識や技能を習得させていくものです。以前から、学校には若手育成の文化がありました。仕事をしながら先輩教員が若手教員を指導する仕組みは、学校での仕事の仕方や指導技術の継承のようなものでした。教職員の年齢構成の変化によって、その継承の仕組みが機能しなくなってきましたが、この文化を現状に合わせて再生させることが解決につながります。それが「学び合う組織」の実現です。

誰もが教え合い、学び合う雰囲気を醸成していきます。その教職員の得意分野やアイディアを生かすことを考えれば、年齢や経験年数は関係ありません。誰もが教える立場になり、誰もが教えてもらう立場になります。この雰囲気を醸成するための条件が「心理的安全性」の確保です。提唱者のエドモンドソンは、心理的安全性を次のように定義しています（リクルートマネジメントソリューションズＷｅｂサイトコラム　特集「先行研究から見る心理的安全性の実体」、今城志保、２０１７年）。

「チームにおいて、他のメンバーが、自分が発言することを恥じたり、拒絶したり、罰をあたえるようなことをしないという確信を持っている状態であり、チームは対人リスクをとるのに安全な場所であるとの信念がメンバー間で共有された状態」

互いに他を尊重する精神を前提に、何でも言い合える、何でも聞くことができる雰囲気をつくっていくためには、管理職や教務主任などの中堅教員が意識して、聞いたり、教え合ったりしている場面を見せていくことです。

また、職員室内での会話も、授業や生徒指導等にかかわる話を日常的にしていれば、「こんなことを聞いてもいいんだ」「自分もアドバイスをもらおう」という気持ちになっていきます。人材育成の基本は、環境づくりです。その環境に入ったり、その役職についたりすることで、必然的に学んでいくようになります。

若手育成として、育成課題を明確にして計画的・意図的に育成を図ることも重要ですが、並行して学び合う組織、学び合う学校をつくっていくことで、教職員全体の育成が図られます。それは好循環を生み、子どもたちへもよい影響を与えます。

●まずは中核教員に動いてもらう

一方で、学び合う組織は、その空間が心地よくなり、在校時間が長くなりがちです。校長は教職員の働き方やその環境にかかわる安全配慮義務を負います。心理的安全性は、ここでも重要です。勤務時間が終了したら、誰に気兼ねすることなく、退勤できる職員室にしていくことをめざしたいものです。

学び合う組織をつくるためには、一人ひとりのマインドセットを変えていく必要がありますが、その核となるのが教務主任や学年主任です。まず、それらの中核教員に趣旨を説明し、率先して動いてくれるようミッションとして依頼しておきましょう。

人材育成の基本的な考え方はありますが、それはひとつの型でしかありません。自校の現実をしっかり観て、自校に合った方法で人材育成を進めていくことが一番です。

Q5-② 教職員の多様な悩みにどう助言すればよいでしょうか。（小学校・1年目）

A 教職員の悩みに答えていくのも校長の仕事です。その地道な取組が学校の心理的安全性を高めていきます。その意味でも、教職員が自分の悩みを校長に伝えられるような雰囲気をつくっていくことが必要です。校長室のドアを開けておき、入りやすい雰囲気をつくっておくこと、話しやすい位置に座ることもポイントです。正対して顔を合わせてしまうと、緊張関係が生まれます。90度横に座れば、話しやすい気分になります。さらに、日常的に教職員のなかに入り、会話のハードルを下げていくことも実践していきたいと思います。

●悩みの本質を見極め、解決策を共に考える

教職員のさまざまな悩みにどう助言するかを考えるとき、その教職員の悩みの裏側にあるもの、本質の部分を見極めていくことが大切です。それが、校長の現実を観る目を確かにするということです。

たとえば、学級経営に悩んでいると訴える教員の悩みの本質は何でしょうか。よりよい学級経営をめざしているのに空回りしているのかもしれません。また、自らの指導力に不安を感じているのかもしれません。逆に自らの指導力の課題に気づかず、子どもたちに原因があると考えているかもしれません。その教員の授業の様子や日々の勤務状況を把握していれば、本質が見えてくるはずです。

ただ、その本質を指摘することが解決策になるとは限りません。自覚できるように方向づけていくとともに、解決策を共に考えていきます。その際、校長の教員としての知識や経験が生かされます。ここでも、こうするといいと断言するのではなく、いくつかの解決策を共にあげていき、自分で選択させていくことで主体性が発揮されます。

大事なことは、自分で考え、判断して解決に向かうということです。そして、悩みへの助言で終わりではなく、その後の状況を確認して解決の状況を見極めていきます。自

らの取組の様子を見てもらったり、承認されたりすることで、教職員のモチベーションは上がっていきます。このような営みが、組織の構成メンバーに対し、奉仕・支援するサーバント・リーダーシップといわれるものです。

●情報を提供し、背中を押す

それでも、ご質問のようにさまざまな悩みに適切に助言できるかという不安もあります。人間は、自らの知識や経験の範囲でしか考えることができません。ただ、自分で考えられなくても、何を見ればいいか、誰に聞けばいいかを知っていること、いわゆる方法知をもっていれば、たいていの問題は解決できます。

教職員の悩みに答えることも同様です。たとえば、人事異動にかかわる悩みや希望などは、軽々に答えることも約束することもできません。「餅は餅屋」の原則どおり、教育委員会の人事担当に尋ねたり、異動要綱を確認したりして、情報を提供します。ここでも、あくまで情報提供であり、これまでにこんな事例があったとか、昨年の異動要綱にはこう書いてあるということしか伝えられません。事案ごとの判断であったり、異動要綱が変わったりすることもあり、人事に絶対はないということも含めて伝えておく必要があります。

一方、人が何かを相談しようとしたとき、すでに答えは自分のなかにあるともいいます。相談者はその答えに寄り添ってくれることを期待しており、背中を押してもらいたいと思っています。話を聞きながらそれを感じ、とくに問題がなければ、真っ正面から否定するようなことはせず、背中を押してあげるべきです。

たとえば、「休職して大学院にいきたい」と言ってきた教員に対し、校長としては人事構想にかかわることで、困ったと思うかもしれません。しかし、それを止めたり考え直させたりすることはできません。共にメリットとリスクを洗い出し、その教員の夢が叶う方向で話を進めてあげたいものです。

6　情報収集力を高める

Q6―①　教員のＩＣＴ活用指導力の向上を、どのように進めていけばよいでしょうか。（小学校・１年目）

A　ＧＩＧＡスクール構想は、学校教育にとって大きな転換点になりました。これまでの、教員が授業のためにＩＣＴ機器を使う時代から、子どもたち一人ひとりが活用する時代になりました。鉛筆やノートと同じ、道具としての1人1台端末である以上、使うか使わないかの判断は子どもたち自身が決めることになります。教員には、ＩＣＴや情報・教育データの利活用に関する資質・能力が求められていますが、多くの教員にとって新たな取組であり、活用しながら指導力の向上を図っていくことになります。

一方で、ＩＣＴ活用に自信のない教員は、使うことを避ける傾向があります。そのことが、学級間格差を生み、学校間格差へとつながっていきます。これでは、公教育としての責任を果たすことができません。何より子どもたちが不利益を被ることは許されません。そこで、ご質問にもあるように、すべての教員のＩＣＴ活用指導力を組織的に高めていくことが大命題となっています。

●自校の現状を把握し、校内体制を整える

一口にＩＣＴ活用指導力といっても、その内容は広範囲です。文部科学省の「学校における教育の情報化の実態等に関する調査」では、教員のＩＣＴ活用指導力を次の４つの能力に分類し、それぞれに４つの小項目を設定しています。

Ａ　教材研究・指導の準備・評価・校務などにＩＣＴを活用する能力

B　授業にICTを活用して指導する能力
C　児童生徒のICT活用を指導する能力
D　情報活用の基盤となる知識や態度について指導する能力

このなかで、子どもたちに直接かかわるのは、B、C、Dです。なかでも「授業にICTを活用して指導する能力」がなければ、子どもたちの活用を促したり、知識や態度を指導したりすることはできません。すべての教員がICTを効果的に活用する授業ができることをめざすことになります。

1人1台端末といっても、自治体によって使い勝手が違います。OSはもちろんですが、授業支援ソフトやコミュニケーションツール、AIドリルなど、何が搭載されているかによって活用の幅が変わってきます。まず、自校の端末で何ができるのかを把握しておきましょう。

また、校内にはすでに使いこなしている教員もいるはずです。そんな教員を中心にして、協働しながら学んでいく体制をつくります。活用している授業を参観すればイメージが湧き、効果的です。また、打ち合わせの時間等を使ってミニ研修会を実施し、ICT活用のTIPs（ヒント・秘訣・コツ）をワンポイントで伝え合うのも効果的です。

ＩＣＴ活用には、教員が「こんな使い方ができるんだ」「意外と簡単」「これならできそう」と感じることが大切です。さらに、いつでもわからないことを聞くことができるように、ＩＣＴ活用推進担当教員を任命したり、ＩＣＴ支援員等と連携したりして校内の体制を整えていきます。

校長は学校のＣＩＯ（最高情報責任者）としての役割ももちます。校長自身が情報収集力を高め、ＩＣＴ活用に関する情報を発信していくことも大切です。

文部科学省も、ホームページ上に、ＧＩＧＡスクール構想を浸透させ、学びを豊かに変革していくことを推進するためのサイト「ＳｔｕＤＸ　Ｓｔｙｌｅ」を公開しています。ここでは、さまざまな活用事例が報告されており、とても参考になります。メールマガジンに登録すれば、最新情報を得ることもできます。

Ｑ6－②　事前情報がない学校に赴任した際、最初にどのような点に着眼して学校を見ればよいでしょうか。（プレ校長）

Ａ　着任が決まった瞬間から、その学校にかかわる情報収集が始まります（詳細は巻末の付録参照）。ホームページを見れば、学校の概要をつかむことができます。前任者との引継ぎでは、子どもたちや教職員の状況、継続的な課題など、さまざまな視点から情報を集めることができます。しかし、それらはすべて２次情報です。着任したらすぐにご自身の目で観て感じることが重要です。その際、事前情報は先入観とならないよう、一度白紙に戻して観ていくことが肝要です。

では、最初にどのような点に着眼して学校を観ていけばいいのでしょうか。４月は校長としての情報収集力が問われるとともに、その力を高めるチャンスでもあります。

●違和感を大切にしながら、施設・教職員・子どもたち・地域を観る

始業式・入学式までの春期休業日は、新年度準備のための会議や打ち合わせ、作業などが続きます。ここでは、校長として学校経営方針等を示すことになりますが、校長の言動にかかわる教職員の反応をよく観ておきましょう。さらに、校舎を回りながら子どもたちの動線を確認するとともに、教職員の様子も見ておきます。教職員の動きや発言はそのまま、学校の状況を表しています。協力的な雰囲気なのか、共通実践ができているのかという視点で観ていきます。とくに、新規採用教員や異動者には積極的に声をかけていきましょう。

また、学校図書館や特別教室、体育館のステージ、校庭の体育倉庫などを観れば、生徒指導の状況が見えてきます。そして、教職員や学校の様子を観ながらもった「あれっ」といった違和感や「何か変だぞ」といった感覚を大切にしていきましょう（詳細は第2章の校長の思考法1参照）。校長の違和感は、学校改善の始まりです。

子どもたちが登校すると、学校は生命体のように動き出します。登下校や休み時間の様子、授業への取組状況などを観ていけば子どもたちの状況がわかります。また、学力調査等の教育データを観れば、客観的なデータから子どもたちの課題も見えてきます。

さらに、全校朝会や全校集会など、全校が集まる場面では、学年としてのまとまりや学年進行に伴う意識の高まりが見えてきます。最高学年は学校の顔であり、最高学年がしっかりしていると他学年へもいい影響を与えます。そんな姿が見られたら、さまざまな場でそのよさを全校や教職員に紹介していきましょう。校長が観てくれているという実感をもたせることで、よいスタートが切れます。

4月、校長の情報収集力を発揮し、学校の全体像とよさと課題を明確にしていきましょう。この作業が、学校経営計画やグランドデザイン策定の基礎データになります。

また、時間を見つけて校区を歩き、地域の状況も把握しておきましょう。通学路の安全確保や子どもたちが利用する公園や公共施設、町会や自治会等の地域の関係者にも挨拶ができるとよいと思います。

●情報を更新し続ける

校長の情報収集は、これで終わりではありません。その学校に在籍している間はずっと続きます。学校の状況をしっかり観ることが学校経営の基本であり、情報は常に更新されなければなりません。一定の時間を経て情報が更新されるということは、変化があったか、以前はその情報に気づいていなかったということです。

情報の更新を意識することが、校長の情報収集力を高めることにつながります。観ているものはすべてが情報であるととらえ、学校経営に生かしていきましょう。

コラム６　前任者との引継ぎで聞いておくべきこと

一校を預かる校長が交代するときに行われるのが「引継ぎ」です。教育委員会が定める管理運営規則に位置づいている地域もあり、正式な引継書を作成し、教育委員会に提出することになります。それだけ校長の引継ぎが重要視されていることがわかります。

引継ぎには、形式的なものと、実務的なものがあります。引継書に示された公簿等の保管場所等について確認し、引き継ぐのが形式的な引継ぎです。一方、実務的な引継ぎは、前任者の学校経営から切れ目なく、継承していくものです。もちろん、前任者の学校経営をそのまま継続するわけではありませんが、学校経営は常に進行しており、「聞いていない」「知らなかった」では済まされないことがあります。では、具体的に何を引き継いでおけばよいのでしょう。それは、継続的に対応すべき経営課題です。

・係争中または、係争に発展しそうな事案の有無
・保護者や地域とのトラブル
・子どもたちのいじめ問題
・不登校の状況
・教職員の服務上の課題
・学級編制上の課題（転出入の予定等）

など、着任してすぐに対応すべきことを明らかにしておきます。

とくに昨今では、年度当初の人事配置上の予定や課題についても確認しておく

必要があります。人材不足の時代にあって、4月から担任がいないという状況に陥らないよう、前任者の動きを理解し、必要ならば着任のその日から対応することになります。

また、基本的な情報として

・学校評価の結果、学校関係者評価委員会の構成
・地域学校協働本部、学校運営連絡協議会等の会議体の状況
・子どもたちや教職員の状況
・地域の状況とキーパーソン
・PTAとの連携
・クラス分けや担任配置の状況
・施設設備の状況

など、気になっていることはすべて聞いておきましょう。新年度が始まれば前任者も自校で忙しい日々が始まります。引継ぎの時間と機会を最大限に生かしていきましょう。また、教頭・副校長と共有している情報については、着任後に聞くことができます。その意味でも、それぞれの情報について、どこまで教頭・副校長と共有しているかも確認しておきましょう。

Q7―① コロナ禍を経て、PTAや町会等と学校とのつながりが薄くなり、社会に開かれた教育課程、部活動の地域移行、社会とつながる教育活動、充実した体験活動の実現等がむずかしくなりました。これからの時代において、地域全体との連携・協働にどのように取り組んでいけばよいでしょうか。（中学校・3年目）

A 「社会に開かれた教育課程」について、学習指導要領の前文で次のように説明されています。

①よりよい学校教育を通してよりよい社会を創るという理念を学校と社会とが共有する。
②必要な学習内容をどのように学び、どのような資質・能力を身に付けられるようにするのかを教育課程において明確にする。
③社会との連携及び協働によりその実現を図っていく。

● 視座を一段高くし、社会全体を見通して家庭・地域と連携する

ご質問にもあるように、これからの時代の地域と学校の関係は「連携・協働」です。

「協働」とは、同じ目的のために、対等の立場で協力して共に働くことです。子どもたちの教育は、学校・家庭・地域が同じ立場で連携・協力していくということを前提に考えていかなければなりません。

これまでの地域と学校の関係は、学校が地域にお願いし、地域が学校のために協力するというものでした。このことが、「子どもたちのことは学校」という図式をつくりあげ、教員の長時間勤務を助長してきました。学校外での子どもたちの行動について責任をもつのは保護者であることも、もっと認知されなければなりません。

社会に開かれた教育課程の考え方は、子どもたちを核として、学校・保護者・地域が連携し、協働して子どもたちを育てていくというものです。部活動の地域移行も協働の最たるものです。しかし、その趣旨が社会に浸透していないのが現実です。

では、その機運の醸成は誰が担うのでしょうか。本来は教育行政の役割ですが、学校における働き方改革を理由とし、教員が忙しいから地域に協力してほしいと説明することが多く、気になります。家庭・学校・地域が一体となって子どもたちの教育を担うということを、国をあげて説明していかなければ、地域全体と学校との連携・協働は進みません。

これからの学校は、教育のあり方についての保護者や地域への説明も担うことになります。それが、校長としての視座をもつことであり、これまでの視座を一段高くし、社会全体を見通して考えていく必要があります。

当事者が説明し、理解を求めていくことはむずかしいですが、言葉を選びながら、連携・協働の大切さを説明していくことが求められます。逆に言えば、これまで以上に学校での教育の質を上げる必要があり、その成果の発信も欠かせません。

さらに、日々の教育活動を通して子どもたちが社会貢献について学び、実践できる大人になっていくことが大切です。それが、前文にある「よりよい学校教育を通してよりよい社会を創る」を体現することになります。

Q7-② 判断力・決断力をいかに磨いていくか、また校長としての覚悟をもてるか、不安です。(プレ校長)

A 校長は日々判断に迫られます。その軽重はあるものの、判断の連続です。また、その際には早い判断が求められます(第2章の校長の思考法2参照)。

判断は、規則や規定に従って決めることであり、自らの意思が入る余地はありません。日々の一般的な業務は、この判断で進められます。

一方、決断は、規則や規定にはなく、前例もない場合もあります。ここでは校長自らの意思が決断となります。決断は学校の責任者としての校長の責務であるといえます。

●判断の根拠となる法規や行政資料を理解する

ご質問のとおり、校長の判断力・決断力は校長の資質・能力そのものであり、日々の業務を通して高めていくことになります。

判断力を磨くには、その基準となる規則や規定について理解していることが必須となります。管理職選考に向けて、教育法規や教育行政の仕組みを勉強するのは、校長の判断の基準を身につけるためです。

判断を迫られるときは、常に根拠となる法令や教育委員会の資料を確認することを習慣にしていきましょう。根拠を基に判断することは、教職員や保護者等に対しての説明責任を果たすことにもなります。公務員のすべての業務は、何かしらの法令に基づいていることも忘れてはなりません。

●情報収集と独善性の排除で決断力を磨く

校長の責務としての決断力は、自身の教育観や価値観、信念が反映されます。それが、校長としての視座をもつということです。まず、教育者としての信念を明確にすることが重要ですが、校長の職を通して確かなものになっていくものでもあり、決断に迫られたとき、自分のなかにある基準は何かを意識することが大切です。学校が最も大切にしなければならないのは、子どもたちと教職員の生命の安全と、人権を守ることです。間違っても、学校の体面や校長のプライドなどではありません。

校長の決断力を磨くには、マインドセット6の「情報収集力」が必要です。さまざまな情報を収集し、自校の経営の視点で分析していきます。たとえば、子どもにかかわる事件・事故の報道を受けたら、自校で発生する可能性はあるか、これまでにそれに近い事件・事故は発生していなかったか、などの分析を行います。そして、自校で取るべき対策を決断していきます。この過程で発揮されるのが、校長のアセスメント力やファシリテーション力です（第4章参照）。

また、決断力の裏にあるのが独善性です。自らの思い込みや独りよがりを排除しなければ、決断を誤ることになります。決断力を磨くには独善性を排除することが必要です。そのためには、多様な見方・考え方ができるようになること、多様な価値観を理解することです。

学校組織の心理的安全性が保たれており、多様性が実現していれば、校長の決断を助けます。さらに、校長会などの場を通して、ケーススタディとして先輩校長の決断について学んだり、セミナー等に参加したりして自己研鑽を深めることも必要です。

決断力はリフレクションによって確かなものになっていきます。その成否の評価とともに、決断に至る思考過程を振り返ることで、決断力は磨かれていきます。

コラム7　視座の移動と判断・決断

校長のマインドセット7では「校長の視座をもつ」ということをお伝えしました。視座とは、視点の高さであり、校長の視座は校内の誰よりも高い所から、自校や自治体、都道府県や国、世界の状況を見ることになります。常に視野を広くして教育を考えることが校長のマインドセットです。

一方で、校長の視座は自由に動くことが特徴です。それは、子どもの立場、保護者の立場、教職員の立場でものを見たり考えたりすることができるということです。授業を見るときも、子どもの視座で見ていくと、授業の課題、教員の課題が見えてきます。教員の視座で見れば、子どもたちとの関係性が見えてきます。保護者からの相談も、その立場に立てば、心配事や話の本質が見えてきます。

校長は視座を移動することによって、多面的・多角的に物事を見て判断・決断できます。ここで留意すべきは、その判断や決断は最終的に校長の視座で行わなければならないということです。子どもたちや教職員、どこかの視座で止まったまま判断してしまうと、状況を見誤ることがあります。常に校長の視座に戻って考えることを習慣化しなければなりません。

校長として考え、判断・決断することとは、責任が発生することです。校長にはその覚悟が必要です。その覚悟がないと、思考停止になったり、判断基準を誰かに求めたりすることになってしまいます。

たとえば、「教育委員会の施策だから本校でも実施します」という校長の発言は、判断基準や責任を外に求めているように聞こえます。校長自身はどう考えているのだと、教職員は疑問を抱くでしょう。「教育委員会からも実施を求められていますが、本校の子どもたちの状況を見て必要だと判断したので実施します」と発言すれば、校長の視座からの判断であることがわかります。小さなことかもしれませんが、このような言葉によって教職員の信頼を得ることができます。

　さて、校長の高い視座は、視野を広くすることだけでなく、未来を見通すこともできます。それは校長としての展望、ビジョンです。中央教育審議会の審議の過程や答申等を見ていくと、これからの日本の教育の方向性が見えてきます。社会の動きを見れば、学校の未来の姿を想定することもできます。また、設置自治体の教育委員会は、国の教育振興基本計画に基づき、中長期的ビジョンを策定しています。それらも参考にしながら、これからの教育の動向と自校の方向性を考えていくことが大切です。そして、このときも未来を見据えた高い視座と、学校の現状を見る視座を往還することがポイントです。

　着任した学校に何年いられるかは、わかりません。また、学校経営計画は１年単位です。それでも校長は、５年先、10年先の学校の姿を構想してビジョンをもつことが必要です。日々の学校の営みの先に、未来の学校があります。それが、マインドセット３の「校長としての夢をもつ」、マインドセット４の「理想の姿を想定する」につながっていきます。

8 経営課題を時間軸で考える

Q8－① 教職員は毎年メンバーが入れ替わるため、1年かけて教職員の意識改革を進めても、新年度にはまた元に戻ってしまうことがあります。とくにICTの活用などで顕著なのですが、どうすればよいでしょうか。（小学校・4年目）

A 公立学校では校長も含め、教職員には必ず異動があります。子どもたちも入学、卒業により入れ替わります。それでも、学校は公教育としての使命（ミッション）を果たすとともに、進化していかなければなりません。その指針となるのが校長の展望（ビジョン）です。それは、学校経営計画として明確にされていきます。

●MVVで考えて経営課題を明確にする

ご質問にあるように、教職員が入れ替わることにより、校長の学校経営計画は1年でいったん歩みを止めます。そして、少し後戻りしてまた進んでいきます。3歩進んで2歩下がっていては、学校改善は進みません。たとえば、せっかく教職員の学び合う雰囲気が醸成されてきたのに、教職員の入れ替わりによって、その雰囲気が減衰してしまうことがあります。

ここでの問題は、雰囲気という曖昧な中身です。何を大事にしていくのか、何をもって学び合う姿とするのかが明確になっていません。新たに着任した教職員にも、説明することができません。

その対応策として取り入れたいのが、ＭＶＶの考え方です。企業や行政機関でも一般化してきました。経営課題を時間軸で考えるときのヒントとなります。

○ミッション（Mission）：組織が果たすべき使命や存在意義
○ビジョン（Vision）：組織がめざすべき将来の姿、展望
○バリュー（Value）：ミッションとビジョンを実現するために組織のメンバーがとるべき行動指針や考え方

前述のとおり、学校のミッションやビジョンは明確です。しかし、その実現のための行動指針は、学校経営計画に「めざす教職員像」として記載される程度で、あまり具体的ではありません。そこで、年度替わりの学校の後退を避けるために、バリューとしての行動指針を整理して示し、年度当初に共有していくことを実践してはどうでしょうか。

たとえば「○○学校・教職員ＩＣＴ活用指針」とし、

・協働的な学びを実現するために、毎時間の授業にＩＣＴ活用の場面を位置づける
・子どもたちへの資料提供は、ペーパーレスをめざし、デジタル配信とする
・授業と家庭学習を連動させるために１人１台端末を活用する　等

教職員が入れ替わっても、本校ではこれが標準というものを示し、それを実践させます。その域に達していない場合は、個別の研修によって活用能力の向上と定着をめざします。学校の指導の標準をつくることで、組織力も高まっていきます。

Q8―② 自分の覚悟がどこまで決められるか、責任者として自分が誠実に子どもや教職員に対応できるかが不安です。（プレ校長）

A まず、ご質問のような不安をもっていること自体が、意識が高いことを表していると思います。自己を過信せず、常に「しっかりできているか」という視点で振り返っていく習慣が、校長としての資質・能力を高めます。校長としての成長を自らの課題とし、時間軸で考えていきましょう。人事評価とも連動させ、学校経営への取組をご自身の成長と重ねていきましょう。

●学校経営計画や学校経営方針をつくるなかで信念を明確にする

校長の覚悟とは何でしょうか。覚悟には、事態の悪化を予測して心の準備をするという意味があります。それは、校長として責任を取る覚悟です。その覚悟を支えるものが、教育者、経営者としての信念です。校長として何を大切にし、何をしていくのか、どんな学校をつくりたいのかを明確にすることで、信念は確かなものになっていきます。

それは、着任後の学校経営計画や学校経営方針をつくる過程で明確になっていきます。ここで大事なのは、時間軸の要所要所でその覚悟を振り返り、アップデートしていくことです。その覚悟で十分か、覚悟にブレはないか、といったリフレクションが必要です。

次に、校長の誠実さについて考えていきます。誠実さとは、嘘をつかず、真心をもって人や物事に対することです。誠実さを向ける対象は、子どもたちであり、教職員や保護者、学校に関係するすべての人たちです。相手によって態度を変えない、自分にも嘘をつかない。簡単なことではありませんが、常に誠実でありたいと心に誓い、実践していくことが大切です。

校長のマインドセット7の「校長の視座をもつ」にあるように、子どもたちや教職員に誠実に対応するためには、その視座を移動させ、子どもたちや教職員の立場に立って考えることが大切です。さらに、コミュニケーション力（第4章参照）を発揮し、一人ひとりの話をよく聞くことも必要です。

●無意識の思い込みに気づき、誠実さを高める

自分では誰に対しても誠実な態度をとっていると思っていても、実現していない場合があります。それが人間の「アンコンシャスバイアス」（無意識の思い込み）です。とくに、性差に関して顕著で、「男性は～」「女性は～」という思い込みは、セクシャルハラスメントにつながります。また、「○○大学出身だから」という発想もアンコンシャスバイアスから生まれるものです。

無意識の思い込みは、偏見であり、差別につながります。セクシャルハラスメントやパワーハラスメントなど、すべてのハラスメントは、人権意識の欠如とアンコンシャスバイアスから生まれます。

パワーハラスメントは、校長の資質・能力が疑われる行為です。いじめと同様、相手がどう思ったかということのみが判断基準であり、「そんなつもりではなかった」「人間関係ができているから」という言い訳は全く通用しません。誠実さの真逆の行為ですが、アンコンシャスバイアスの気づきが、誠実さを高めていきます。

9　経営課題に軽重や順位をつける

Q9－①　人手不足のなかで、生徒指導上の課題のある児童への対応、特別なニーズのある児童への教育支援、家庭に問題を抱えている児童への支援等に悩んでいます。誰ひとり取り残さない教育を進めるために、どのように対応をしていけばよいでしょうか。（小学校・6年目以上）

A　誰ひとり取り残さない教育とは、すべての子どもたちが、その個性や能力に応じて生き生きと学び、成長することができる教育です。これは学校教育の本質ですが、どこまでできているかと自問してみると、自信をもって「できている」とはいえないのが実情です。

それを困難にしている要因は、課題が多岐にわたって広がり、深刻になっていることです。さらに、ご指摘のように慢性的な人手不足、解決すべき課題に対して圧倒的にマンパワーが足りないという問題があります。また、単なる人手不足だけでなく、教職員の資質・能力の向上という人材育成が追いつかないという問題もあります。

●組織的な人材育成と既存の組織の活用

誰ひとり取り残さない教育を推進するには、多様で深刻な問題に対応できる教職員が必要です。しかし、教職員の育ちを待っていては、問題は大きくなるばかりです。さまざまな課題に対応しながら教職員も学んでいくという仕組み、本来のＯＪＴで対応していくことになります。その意味でも、組織的に対応することが必須条件となります。課題を共有し、教職員一人ひとりがその立場で最善を尽くすようにしていきます。

その中核となるのがミドルリーダーとなる教職員です。管理職と連携しながら、ひとつのプロジェクトとして課題解決にあたっていきます。特別支援教育推進プロジェクト、福祉連携プロジェクトのように、問題を整理し、担当を決めながら対応していくという方策もあります。ただし、学校における働き方改革の観点からも、既存の組織を活かすことも考える必要があります。

多様で深刻な問題に適切に対応していくには、それぞれの緊急性や重要性にかんがみて軽重や取組順位をつけていくことも必要です。マインドセット9でも述べたように、それができるのは校長だけであり、校長の判断力が問われる場面でもあります。

子どもたちや教職員の生命や人権にかかわる問題を最優先に、集中的に対応する場面と継続的に対応する場面を想定していきます。さらに、危機管理能力を発揮し、問題にならないうちに対応して、問題の芽を摘むことも重要です。

●子どもたちが学び合える集団をつくる

誰ひとり取り残さない教育を実現するには、子どもたち一人ひとりの個性や能力を把握し、その子に応じた教育をすることが必要です。それが「個別最適な学び」ですが、個別最適な学びを前提とした「協働的な学び」と往還させることによって、みんなで育っていくサイクルをつくることができます。

誰ひとり取り残さない教育を実現するのは、教職員だけではありません。子どもたちの学ぶ力が、互いを引きあげていきます。そのような意味からも、学び合う集団をつくっていくことが大切です。

Q9-②　赴任先が風通しの悪い学校だったとき、何から手をつければいいのかすぐにはわからないのではないかと不安です。（プレ校長）

A　学校を訪れたとき、何となく風通しの悪さを感じることがあります。それは教職員の動きから感じられるものです。教職員のコミュニケーションがうまくいっていない、いわゆるディスコミュニケーションの状態です。

では、なぜコミュニケーションがないのでしょうか。失敗が許されないような空気が流れていたり、疑問を口にしたりすることも許されないような雰囲気があるのかもしれません。他者とコミュニケーションを取ることで、自らの弱みをさらけ出すことに怯えているのかもしれません。

もし、赴任先の学校に少しでもそんな空気が流れていたら、その空気を変えることが優先事項となります。そのような状況では、教職員一人ひとりがもつ力を出し切ることができません。その不満がさらに空気を悪くするという悪循環に陥ります。

●まずは校長が声をかけることから始める

空気を変えるために校長が行うことは、心理的安全性の確保です。わからないことをわからないと言えること、教えてほしい、助けてほしいといった援助要請行動が取れること、経験や年齢等に関係なく自らの意見を表明できることなど、安心して職務を全うするための環境をつくっていきます。

心理的安全性の確保は、理念を示すことではありません。校長が具体的に動くことで実現していくものです。校長室で思考することよりも、職員室や教室に行ってコミュニケーションを取ることが大事です。まず、教職員一人ひとりに声をかけ、関係をつくっていきます。

「新しい校長先生は気さくな人だ」と思ってもらえれば、教職員の緊張感が解けてきます。その雰囲気が教職員間のコミュニケーションにつながっていくはずです。すぐに成果が出るものではありませんが、少しずつでも温かい空気を入れていきましょう。

また、仕事の計画や進行に不備があった際に、その責任を一人に負わせて追及するような様子がある場合も、改善が必要です。一人に責任をもたせるのではなく、組織的に対応するなかで計画をブラッシュアップし、複数で進行管理ができるようにしていきます。そのためには、校務分掌や会議のあり方を見直す必要があるかもしれません。

●何でも言える場をつくるための研修の工夫を

ここまでは、短期的対応です。さらに、学校改善を進めていくために次に校長が行うことは、経営課題を整理し、組織改善とセットにした中長期的計画を立てることです。ここが、マインドセット９の「経営課題に軽重や順位をつける」実践となります。

そのなかで、とくに82頁で述べた「学び合う組織」をつくっていくことも実行していきたいものです。研修会を工夫し、何でも言える場をつくっていくことがポイントです。研究主任や講師に運営を任せるのではなく、校長自信がファシリテーターとなって、教職員一人ひとりのよさを引き出していくようにします。そんな場が、教職員の自信とモチベーションにつながります。

10 学校改善の手法を身につける

Q10—① 部活動の地域移行に向けて、全部活動への「部活動指導員」の配置、「総合型地域スポーツクラブ」の設置を進めていますが、なかなか地域に浸透せず困っています。学校の現状をご理解いただき、地域住民が幸福に暮らせる街づくりをめざしていますが、地域の方々の理解を深めるにはどのような戦略が必要でしょうか。
（中学校・１年目）

A 学校改善は、自校の努力で完結するものと、地域社会を巻き込んでいかなければ対応できないものがあります。前者は学校改善の手法の蓄積があり、見通しがもてます。

しかし後者は、学校外の関係者と連携して解決していくものであり、これまでの学校改善の手法を当てはめることができません。新たな課題の解決への道筋を、新たな学校改善の手法を身につける過程ととらえれば、問題解決は校長の学びになります。

●行政の力を借りる

部活動の地域移行は、地域社会を巻き込んでいかなければ対応できない課題の最たるものです。学校と地域の連携を深める絶好の機会ととらえることもできますが、ご質問のように、地域の方々の理解が得られなければ、この課題は解決できません。

この解決の戦略のひとつは、教育委員会等の行政の力を借りることです。部活動の地域移行の趣旨について、教育委員会として地域へ十分に説明してもらうことが必要です。**Q7**－①でも述べましたが、社会に開かれた教育課程の説明にもあるように、子どもたちの教育は、学校だけが担うものではなく、社会との連携・協働によって実現していくものです。これまで、学校が一手に担っていた部活動を地域と分担することで、学校と地域が一体となって子どもたちを育てていこうとするものですが、その理解が進んでいません。

これまでの経緯から、学校も地域に「お願いする」というスタンスになってしまいます。また、学校における働き方改革を進めるためという説明を強調すると、問題の本質から離れてしまいます。このようなことから、学校だけで地域移行を進めようとすることは困難であり、教育委員会や議会の力が必要です。

ひとつの学校で対応するのではなく、地域で取り組まなければ継続性はありません。校長会としての戦略を立て、教育委員会と連携して機運の醸成を図っていくべきです。

●部活動のあり方を校長としてどうしたいのかを明確に示す

また、地域のスポーツ団体等との関係をつくったり、その地域全体のスポーツ環境を整えたりといった視点でのアプローチも戦略になります。

ここで重要なことは、これからの部活動を校長としてどうしたいのかという考えを明確にすることです。これは、教職員にも説明する必要があります。

部活動の地域移行を契機に中学校における部活動のあり方を考え直す時期にきていますが、その本質的な議論がないまま、地域移行だけが先行しているところに、この問題の根本があります。また、人口減少のなか、地域の状況はそれぞれで大きく異なります。子どもたちも含めた地域の人口という視点で数年先を見据えて考えていくことも必要ではないでしょうか。

Q10－②　校長としての資質・能力を高めるために、どんな研修を受けるのがよいでしょうか。（プレ校長）

A　校長になると研修の機会が減っていきます。教育委員会にも教員のゴールというイメージがあるのかもしれませんが、校長という職で考えると、初任者から経験の長い校長までさまざまです。本来ならば、経験年数に応じた研修が必要かもしれません。

●研修会、校長会、研修動画等を活用する

教育委員会が主催する研修会は少ないかもしれませんが、校長は自ら求めて研修に参加することができます。校長会や研究団体、研究所や出版社などが主催する研修会がたくさんあります。オンラインやオンデマンドの研修会も増え、時間と空間のロスも少なくなりました。教育雑誌やインターネットからもそれらの情報を得ることができます。

研修会は、あるテーマに関してまとまって学ぶにはいい機会です。自らのリフレクションにより、伸ばしたい資質・能力を明らかにして研修の場を求めていくとよいでしょう。また、あまり興味・関心が向かないものでも、あえて参加してみることで新しい学びがあるかもしれません。

研修会以外でも、校長の日々の職務を学びにすることで、資質・能力を高めていくことができます。校長会も単なる情報共有の場ではなく、職能団体としての研究活動を行っています。主体的に学ぼうとすれば、いくらでも機会を見出すことができます。

第2章でも紹介していますが、NITS（独立行政法人教職員支援機構）のサイトには研修動画が多数アップされており、通勤時間中に学ぶことなどもできます。ネットを活用すれば学びはさらに広がります。

●学びをアウトプットし、校長として学び続ける

校長の学びに限らず、すべての学びに共通するのが、インプットした学びは、アウトプットすることによって確かなものになっていくということです。研修会で学んだことを紙一枚にまとめ教職員に説明する、読んだ本から学んだことを実践してみる、といったアウトプットが校長の学びを確かなものにしていきます。

また、学校便りや会報など、校長は原稿を書く機会が増えます。ここで、学んだことを学校経営にどう活かしていくかを発表すれば一石二鳥です。さらに、そこで宣言することで、学校改善のエンジンがかかります。

毎日忙しい校長ですが、自主的に研究会を開いている校長先生方もいます。同じ校長

の立場で、自校の状況を報告したり、テーマを決めて実践報告したりして互いに学び合っていきます。ここでは、経験年数など関係なく、学校経営のアイディアを共有することができます。

学校では、校長は一人ですが、こうして校長が集まると、校長の多様性とそのよさに気づかされます。吉川英治の言葉といわれる「我《われ》以《い》外《がい》皆《みな》我《わが》師《し》」という言葉は、校長の学びにも当てはまります。校長としての資質・能力向上のために、学び続けていってほしいと思います。

コラム8　押さえておくべき教育施策

国の施策の多くは、大臣が所管する審議会に諮問し、その答申を受けて施策を実現していきます。文部科学行政、とくに教育行政においては、中央教育審議会が重要な役割を担います。令和3年1月の答申「『令和の日本型学校教育』の構築を目指して～全ての子供たちの可能性を引き出す、個別最適な学びと、協働的な学びの実現～」も、平成31年の柴山文部科学大臣（当時）の諮問「新しい時代の初等中等教育の在り方について」を受けて審議し、まとめたものです。

なお、中央教育審議会の具体的な審議は、中央教育審議会本体の下に置かれる初等中等教育分科会や生涯学習分科会等の分科会で行われます。さらに、各分科会の下には部会や特別部会、委員会などが置かれ、より具体的な審議を行っています。初等中等教育分科会の下には、教育課程部会や教員養成部会などが設置されていますが、諮問の内容によって新たな部会も設置されます。

このように、国の教育施策の審議は中央教育審議会が担っており、その審議の過程を注視していくことが重要です。審議会の情報は文部科学省のホームページに掲載され、資料等も手に入れることができます。

初等中等教育に関しては、令和になってから令和5年までに3つの答申が出ています。

①令和3年1月「『令和の日本型学校教育』の構築を目指して～全ての子供たちの可能性を引き出す、個別最適な学びと、協働的な学びの実現～」(前出)

②令和4年12月「『令和の日本型学校教育』を担う教師の養成・採用・研修等の在り方について～『新たな教師の学びの姿』の実現と、多様な専門性を有する質の高い教職員集団の形成～」

③令和5年3月「次期教育振興基本計画について」

①については、「個別最適な学び」や「協働的な学び」の実現をめざした授業の取組が始まっています。とくに、2つの学びを往還させるためのツールとしての1人1台端末の活用もさまざまな工夫がなされ、授業のあり方が大きく変わろうとしています。

②は、教員の新たな研修制度にかかわるもので、免許更新制の廃止に伴い、研修の個別最適化を実現するための仕組みづくりです。教員の研修制度が大きく変わろうとしており、とくに校長のコミュニケーションや指導・助言が重要になってきます。

③の次期教育振興基本計画については、令和5年6月に閣議決定され、第4期教育振興基本計画として示されています。

国の教育振興基本計画は教育基本法にその作成義務が示され、今後5年間の国や地方教育行政の指針となります。各自治体が定める教育振興基本計画等の中長期計画も、この計画に基づいて作成されています。第4期教育振興基本計画のコンセプトは、「2040年以降の社会を見据えた持続可能な社会の創り手の育成」と「日本社会に根差したウェルビーイングの向上」です。とくに、子どもたちと教職員のウェルビーイングの向上は、学校運営のキーワードになっています。

令和5年5月には、新たに「『令和の日本型学校教育』を担う質の高い教師の確保のための環境整備に関する総合的な方策について」が諮問され、審議が続いています。学校における働き方改革、教員採用選考の低倍率化、人材不足等々の問題を総合的に審議しています。

ほかにも、校長が押さえておくべき教育施策として各自治体の動きがあります。任命権者である都道府県教育委員会や指定都市教育委員会の教育施策、さらに設置自治体の教育委員会の教育施策など、それぞれの関連性を見ながら理解しておきましょう。年度当初の校長会等でも説明されますが、ホームページ等から最新情報を得ておくことも大切です。

教育施策は単なる情報ではありません。それを受けて学校経営にどう反映していくかを考えることが重要です。その際、マインドセット9の「経営課題に軽重や順位をつける」ことがポイントです。現在進行形で取り組んでいることと関連させられないか、何から取り組むべきか、逆に、何をやめるかといったことを考え、判断をしながら、教育施策を理解していきましょう。

第2章

校長の思考法を身につける

校長には、校長としての思考法があります。それは、教頭・副校長とは異なるものです。学校経営計画をもとに学校を経営する、子どもたちや教職員のウェルビーイングを実現する、教育課題に対応する、等々、校長の職責に合致した思考法について考えていきます。

校長の思考法1
違和感を大切にする

感じた違和感をノートや写真で記録する

思考法の1つめは「違和感を大切にする」ということです。日々の学校の様子を自身で確認していくと、「何か変だぞ」「何か違うぞ」という感覚をもつことがあると思います。それは、自身の経験や知見からくるものです。その違和感を大切にすることが重要です。常にアンテナを高くして学校の状況をつぶさに観て、感じた違和感をノートに記録したり、その場面を写真に撮ったりして物理的に残しておけば、後になってもその時の感覚が蘇ってくるはずです。記憶力に頼らず、記録を残すことで問題を整理することができ、全容が見えてきます。

新任・転任のタイミングこそ改善のチャンス

新任の校長先生のなかには、「1年目は様子見」と考えている方もいるかもしれません。かつて新任・転任校長の心構えのように語られたこともありましたが、これは大きな間違いです。新任・転任のタイミングこそ、学校改善のチャンスです。

今の時代、改善もスピードが求められます。自らの違和感をもとに課題や改善点を見出し、着任と同時に学校改善に取り組んでいきましょう。もちろん改善点ばかりではなく、自校のよさをアピールポイントとして整理し、教職員や保護者・地域に示していくことも大切です。それまでの取組のよさを賞賛したうえで改善点を伝えることで、モチベーションは高まっていきます。

教職員は、新しい校長の着任によって学校が変わるのではないかと戦々恐々としていたり、逆に学校を変えてくれるのではないかと期待をもったりしているはずです。それまでやってきたことに何の疑問ももたなかった教職員も、校長の新たな視点が入ることで、その意味や意義を考えるようになります。

それは、校長だけでなく、新たに着任した教職員によってももたらされます。「本校はずっとこうやってきました」という発言の裏には、学校が変わることへの不安があります。それをよしとしてしまうことが、学校改善が進まない原因です。

根拠をもとに説明することが必要

校長が変われば学校が変わるというのは、このようなことではないでしょうか。ここで大切なことは、勘とか経験、前の学校ではこうやっていた、というような説明では、通じないどころか反感を買うこともあるということです。「法律が変わって、こうなっていますよ」とか、「本市（町）の教育方針はこうなんですよ」というように、根拠をもとにしっかり説明していくことがポイントです。

たとえば、令和5年4月、「こども基本法」が施行されました。「こども基本法では、子どもたちの意見表明の場をつくることが大人の義務として示されています」ということを説明し、教職員の対応を見直すことが求められます。校長の独断ではなく、法的根拠をもとに説明することが大切なのです。

違和感を大事にしながら実直に学校改善を進める、そこが校長としての矜持であり、学校にかかわるすべての人の信頼を獲得することにつながります。これまでの経験や知見、他校の状況等さまざまな物差しをもとに、ご自身の感覚を磨いていきましょう。

校長の思考法2
早い判断を心がける

「早い判断」のために材料を集めておく

校長の思考法の2つめは、「早い判断を心がける」ということです。4月の着任早々、待っていましたとばかり、さまざまな判断に迫られます。日常的にもたくさんの判断が求められます。校長の仕事とは「判断すること」とも言えそうです。

判断することが多い校長ですが、それだけ校長の判断を待っている人がいるということでもあります。その人たちを待たせない、そのために「早い判断を心がける」ということが重要です。

熟考して考えて考えて判断が遅くなってしまうと、事態が悪化することも考えられます。また、待っている人の時間を奪うことにもなります。判断できない管理職は、優柔不断と判断され、能力が疑われることになりかねません。「早い判断」は管理職の資質・能力のひとつでもあります。しかしスピードを求めるあまり、よく考えずに判断してしまうのでは本末転倒です。

「早い判断を心がける」ためのポイントは、判断材料となる情報を集めておくことです。学校の状況、近隣の学校の状況、市町・都道府県の動向、教育界の動向、等々の情報が校長の判断を支えます（情報収集力については、第1章マインドセット6を参照）。さらに、他校で起こった課題や事件・事故等を他山の石とし、自校でも起こることを想定してシミュレーションしておくことも判断材料になるはずです。

朝令暮改を躊躇しない

判断が早いことは、それだけリスクを伴うことも肝に銘じたいと思います。判断を誤った場合や、状況が変化した場合には、判断を変えなければなりません。しかし、判断が早ければ修正のための時間的余裕をもつことができます。ギリギリまで判断せずにゴーサインを出して失敗してしまったら、事態は悪化するだけです。最終判断を避け、ステップを踏みながら事態に当たるという考え方も大切です。

管理職として、一度判断したことを変更することに躊躇する気持ちもあります。自らの判断が間違っていたことを明らかにすることへの抵抗です。しかし、歴史的な失敗はこのような自分の判断への執着によって繰り返されてきました。

朝令暮改を躊躇することはありません。校長の思考法としても、「状況が変わったので朝言ったことは変更する」と言える勇気が必要です。子どもたちや教職員のために最善を尽くすことこそが、校長のプライドだと考えるべきです。学校のことを考え、何が大切かを判断基準にすれば、朝令暮改もいとわないという思考が生まれるはずです。

校長の思考法3
仕事だと割り切る

校長になると「これも校長の仕事なのか」と思うことがたくさんあります。そこで、3つめの校長の思考法は「仕事だと割り切る」ことをあげたいと思います。

すべてが関係づくりや校長としての学びにつながる

　校内の仕事はいうまでもなく、地区の校長会の仕事ももちろん割り振られ、対外的な仕事が多くなってきます。さらに、地域の行事やさまざまな会合に参加することがあります。こんなことも校長の仕事なんだなと思うことがあります。時間も取られ、場合によっては会費も求められます。いろいろマイナスに考えてしまいがちですが、逆にそれを割り切って楽しむということも必要です。すべて学校を代表して参加しているとすれば、校長の仕事として割り切ることができます。

　地域とのかかわりについては、それぞれの地域差があります。地域とのつながりが強い地域では、校長が参加しないことが問題になってしまうかもしれません。郷に入っては郷に従うということも必要です。それもこれも校長の仕事だと割り切り、地域との関係をつくる機会ととらえれば、戦略的に参加できます。

　とくに地域の会合や教育委員会主催の会議では、学校関係者ではない方々とお話しする機会があります。それは自らの知見を広げるチャンスです。また、その方の職業や専門性を生かし、ゲストティーチャーとしてお招きすることも実現するかもしれません。学校を外から見たり、視野を広げたりする場、自己研鑽の場と考えれば、意欲的に参加できます。

さらに、地域との会合は、自校をアピールする絶好のチャンスです。地域の皆さんも、学校のことがわかれば、何かできることをしよう、手伝いたいと思ってくださいます。その意味では、よいことばかりではなく、困っていることも正直に伝えることで、協力してくださる方が増えていきます。学校経営や学校改善のアイディアやヒントは、学校の外にあります。仕事だと割り切ってみると、世界が広がるはずです。

同様に、職能団体としての校長会の仕事も自己研鑽の場となります。さまざまな経験を積んだ校長の学校経営についての考えを知ることは、自らの糧となります。各学校のベストプラクティスだけでなく、取組課題や失敗事例を知ることは、自校の経営に直結するヒントとなります。さらに、そこで得られるさまざまな情報は、自治体や国の動向を知る機会にもなります。

義務的に取り組むと徒労感が強くなりますが、校長の仕事のすべてが学びにつながると割り切れば、毎日が楽しくなります。

校長の思考法4

情報を隠さない

情報のコントロールで組織を動かさない

校長の思考法の第4は「情報を隠さない」ということです。

校長にはさまざまな情報が入ってきます。「校長止まり」として教育委員会から入る情報もあります。校長止まりと言われたら、教頭・副校長、もちろん教職員には伝えないということになります。また、人事や未確定情報など、その時点で伝えることで混乱を招くと判断する情報もあります。

しかしそれ以外は、基本的に「隠さない」ことがポイントです。それは、情報をコントロールすることによって組織を動かさないということです。ある人には情報を伝え、ある人には情報を伝えない、情報を得た教職員だけが、校長の特命を受けたかのような動きをする。このような状況では組織とはいえません。「自分には知らされていない」という思いが不信感につながり、組織内の関係性を悪化させていきます。すべての教職員が同じ情報をもっている、いわゆる情報を共有していることは、対外的にも信頼がおける組織であるという印象を与えます。

伝えるべき情報は、必ずすべての教職員に同時に伝える。その方法としては、会議や打ち合わせの場で口頭で伝える方法のほか、文書を配付して伝えるという方法もあります。校務支援ソフトの情報共有機能を使えば、閲覧履歴も確認できます。さらに、関係文書を添付しておけば、詳しい説明を省くことができます。

校長室のドアを開けておく

「情報を隠さない」という意味では、校長室のドアを開けて風とおしをよくしておくということも、校長の姿勢を体現することになります。学校によっては校長室と職員室がつながっていますが、そこの扉も全開にして、職員室の声や電話で話している声が聞こえるようにしておくことも大事です。職員室の音は、まさに学校の今を知る術になります。

校長室のドアを開けておくということは、逆に校長室の声も聞こえていることになります。そう思えば、自らの言動にも注意するようになり、少なからず緊張感が高まります。もちろん、人事情報や人に聞かせたくない話があるときはドアを閉めますが、ドアが閉まっていれば教職員も「今は入らない方がいい」と判断してくれるはずです。

教職員によっては、勤務時間外に話をしたいと思っています。常にドアが開いていることは、「いつでもどうぞ」という意思表示であり、教職員も相談しやすくなります。それが組織の心理的安全性の確保にもつながるはずです。心理的安全性の確保は、まず形から入ることで実現していきます。

校長室のドアを開けておけば、子どもたちや保護者、地域の方々も入りやすくなります。何か相談したい、話を聞いてほしいと思ったときに、ドアが閉まっていると、ノックする勇気がハードルになってしまいます。またドアが開いていても、子どもたちが初めて校長室に入るには勇気がいります。そんな子どもたちのためにドアチャイムをつけて、ボタンを押して意思表示できるようにするというアイディアもあります。

校長室を開かれたものにするためには、一方で校長室の情報管理の徹底も必要です。重要な文書を目のつくところに置かない、机や文書庫等の施錠、ＰＣ画面のロック、といったことに気を配りながらも、情報を隠さない開かれた校長室をつくっていきましょう。

校長の思考法5
好き嫌いで仕事をしない

仕事をするとは、人とかかわることです。教職員や保護者、地域の方々等々、校長はさまざまな人とかかわりながら仕事をしています。仕事の内容よりもその人とのかかわりや、かかわり方に関心が向いてしまうことがあります。そこで、校長の思考法の５つめは「好き嫌いで仕事をしない」ということです。

多様性の尊重と心理的安全性の確保で組織を成長させる

アドラー心理学では「すべての悩みは対人関係の悩みである」といわれますが、まさにそのとおりです。

教師も人間です。担任時代、この子とはなんだか合わないな、と思う子がいたはずです。それを否定することはできませんが、担任としてはそれを払拭するように心がけてきたと思います。これは校長も同じです。

教職員はさまざまであり、多様な考えがあって当然です。逆に、画一性はリスクであるといわれるようになってきています。皆が同じことを考えているような組織や、校長が何か言ったら皆が同じ方向を向くという集団は異常です。多様性を尊重するとは、人を好き嫌いで判断したり、評価したりしないということです。

学校ではさまざまな提案がなされ、それが計画として実行されます。その提案までにさまざまな議論があり、最終的に校長が決済をしていきます。この提案の過程では、多様な意見が出ることが理想的です。多面的・多角的に考えることで、より実効性のあるものに昇華していきます。

その意味でも、多様性のある組織は成長していきますが、心理的安全性の確保という点からも、誰もが自分の考えを表明できる場があること、それを受け止める環境であることが重要です。そして、いったん決定したら、その決定事項に対して誰もが最善を尽くす組織でなければなりません。

「無意識の差別」は誰にでもあると肝に銘じる

人間には誰しも「無意識の差別」があります。その背景には「好き嫌い」を基本とする、自分との関係で見た人権感覚があります。この「無意識の差別」が誰にでもあるということを肝に銘じて人と接するのが校長としての重要な思考法です。

こんな言葉があります。「清寥々白的々《せいりょうりょうはくてきてき》」は、自我や先入観をもっていると正しい判断ができなくなるという戒めの言葉です。真っ白な心で誰とでも接する、必要以上に親密になる必要もなく、どんな人とでもさらっと付き合える。

教職員一人ひとりとこのような関係をつくっていくためにも、「好き嫌いで仕事をしない」という思考法を身につけることは大切です。

校長の思考法6
最善を尽くす

優先順位への柔軟性と待っている人への想像力をもつ

6番目の思考法は「最善を尽くす」です。校長はその職責として、または職責以外にも教職員やさまざまな人からたくさんのことを頼まれます。頼まれた仕事は、最優先にすべきです。さらに、最善を尽くすことと締め切りを守ることの両方を心がけることが重要です。

校長の仕事には、教頭・副校長のそれと異なり、事務的なものは少なくなりますが、決済や原稿作成など、多種多様な仕事があります。それらをこなしつつも、他者から依頼された仕事にも最善を尽くしていく。そこには、仕事の優先順位を柔軟に変えられる思考と、人に迷惑をかけないという思考が必要になります。

校長は自分の判断で仕事の優先順位を決めることができます。また、依頼された仕事には期日があり、それを待っている人がいます。締め切りを守らないことは、多くの人の仕事を滞らせることになるという想像力を働かせるべきです。

「すぐやる」習慣をつける

そのためにも校長には、時間配分や時間を生み出す工夫といったタイムマネジメントの技能が必要になります。そのひとつとして、依頼された仕事を忘れない、滞らせないことを意識するために、すぐに着手するという習慣が効果的です。

「すぐやる、かならずやる、できるまでやる」という言葉があります。「かならずやる」ことも「できるまでやる」ことも当たり前ですが、「すぐやる」がなかなかできません。

ついつい後回しにする癖をやめるためにも、とにかく着手することです。とりあえずファイルをつくってパソコンのデスクトップに置いておくことをお勧めします。

最善を尽くすことが校長への信頼につながる

締め切りを守るのは当たり前、そのうえで最善を尽くすとはどのようなことでしょうか。それは、依頼者の期待を超えることです。そのためにも、締め切り前に提出することや、丁寧に仕上げること、相手が想定している以上の内容にすることです。

着任したばかりの４月当初、学校だよりの原稿をつくってくださいとか、ホームページの挨拶文をつくってくださいという依頼があります。事前に準備することはむずかしいと思いますが、締め切りまでの時間が限られていることもあり、なるべく短時間で渡してあげられるとよいでしょう。些細なことかもしれませんが、新しく来た校長のそんな行動が、教職員の信頼につながります。

「最善を尽くす」や「締め切りを守る」ことができない言い訳として、「忙しい」を理由にしないことも教職員や関係者からの信頼につながります。忙しいのは当たり前で、「忙しいから」を口にしたとたんに、教職員はもう何も言えなくなってしまいます。自分のことは後回しなんだ、優先順位が低いんだと思われてしまいます。

本当に忙しい人は忙しくしていない。忙しそうに見えないといわれます。忙しそうにしている人は、実は忙しいふりをしているのかもしれません。心理的安全性の確保に向けた取組としても、校長が忙しそうにして声をかけづらい雰囲気を醸し出すことがないようにしたいものです。

校長の思考法7
できない理由を探さない

前項の「最善を尽くす」とも関連しますが、校長の思考法の最後は「できない理由を探さない」ということです。

組織を守るための前例踏襲主義から脱却する

コロナ禍による一斉休校が続いたとき、学校は子どもたちの学びを止めないために、オンラインなど、さまざまな方法を考えてチャレンジしようとしました。このとき、それを監督する教育委員会には2つのスタンスがありました。ひとつは、「制度上できません」「他校と歩調が合わないので無理です」「通信環境が整っていません」のように、できない理由を探してストップをかけた教育委員会。もうひとつは反対に、「できることはやってみましょう」と後押しをしてくれた教育委員会。このスタンスの違いは、その後の環境整備や教育施策にも大きく影響しました。

できない理由を探すのは、組織を守ることを前提にした思考です。学校や子どもたちのことを最優先に考えれば、できない理由を排除する方向に動くべきです。教育内容が画一化し、魅力が減ってきたのは、前例踏襲主義が教育委員会に浸透しているからではないでしょうか。この空気も変えていく必要があります。

これは、学校でも同様です。教職員は、子どもたちのために学校生活や授業を充実させるためのいろいろなアイディアをもっています。その意味でも、教職という仕事は自由度が高い仕事であり、個々の創意工夫が推奨されるべきです。前例がないとかクリアすべき課題が多いということを理由に、それを否定するようなことは避けなければなりません。

新しい挑戦の申し出に、校長が考えるべきこと

たとえば、子どもたちの体験活動を充実させるために新しいことに挑戦したいという教職員からの申し出があったとき、校長は何を考えるべきでしょうか。できない理由を探すのではなく、安全と人権は守られているか、予算や教育課程上の位置づけはどうかといった視点でチェックし、課題をクリアする方法を共に考えていくスタンスを取りたいものです。

教職員のアイディアを否定せず、受けとめ、よりよい形で実現できるようしていくことは、職場の心理的安全性の確保につながります。よりよい形で実現できれば、教職員も達成感をもち、モチベーションが高まっていくはずです。

令和４年の中央教育審議会答申「『令和の日本型学校教育』を担う教師の養成・採用・研修等の在り方について」には次のような記載があります。

個別最適な学び、協働的な学びの充実を通じて、「主体的・対話的で深い学び」を実現することは、児童生徒の学びのみならず、教師の学びにも求められる命題である。つまり、教師の学びの姿も、子供たちの学びの相似形であるといえる。

子どもたちの「主体的・対話的で深い学び」を実現するためには、教職員がその組織

のなかで主体的で対話的で深い学びを通して切磋琢磨する必要があります。校長が「できない理由」を口にしてしまうと、教職員の学びが狭まったり、止まったりしてしまいます。校長の職責は、子どもたちや教職員の思いや願いの実現に向けて、支援し障害を取り除くことであると考えたいです。

子ども・教職員の夢と校長の夢を重ね合わせて実現をめざす

本章の最後に、最後は「校長の責任であるという覚悟」を決めてやればなんとかなる、ということをお伝えしたいと思います。

大げさかもしれませんが、万全の計画と危機管理のもとでは、あとは覚悟を決めてゴーサインを出すということもあると思います。大事なことは生命と人権、子どもも教師もすべての人たちのそれらが守られていることが大前提にあれば、たいていのことは実現可能です。

できない理由を探していたら学校はつまらない場所になってしまいます。子どもたちと教職員の夢と校長の夢を重ね合わせ、その実現をめざして障害を乗り越えていくことは、楽しい仕事ではないでしょうか。

Q&A 校長の思考法に関するお悩み

1 違和感を大切にする

Q1-① 学校全体での危機管理体制に課題があります。体制づくりや教職員の意識改革など、学校として危機管理をどのように進めていけばよいでしょうか。

（小学校・4年目）

A 校長の危機意識と教職員の危機意識には少なからず温度差があります。学校全体を見ている校長と、学年や学級を見ている教職員の視座の違いが要因のひとつかもしれません。いずれにしても学校の危機管理体制を盤石にしていくためには、ご質問にあるような危機管理の体制づくりや教職員の意識改革、危機管理能力の醸成が必要になってきます。

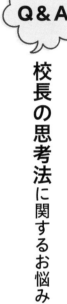

●教職員の危機管理意識を高める

危機管理能力とは、トラブルが発生した際に被害を最小限に抑えるようにしたり、回避したりする能力です。その能力を高め、常に危機意識をもって職務に当たるために必要なのが、危機管理意識です。まず、教職員の危機管理意識を高めていくことから始めましょう。

教育活動中の子どものけがは珍しいことではありません。学校で手当てをしたとしても、その経緯を保護者に説明しておかないと、学校への不信感につながったり、トラブルに発展したりすることがあります。電話で報告する、これだけのことで危機を回避できますが、そのことに気づかない教職員もいます。

危機管理意識とは最悪の事態を想定することです。たとえば、子どもたちのちょっとした言動に違和感をもち、対応することでいじめの芽を摘むことができます。違和感をもたなかったり、その違和感を放っておいたりしたら、問題が大きくなって危機に陥ることもあります。ここで言う違和感は、教職員の児童生徒理解と同義です。

このような事例をケーススタディとして、教職員全員で共有する場を設けていきます。ここでは、問題の所在を明らかにするだけではなく、どうすれば回避できたかという具体的な行動についても考えさせていきます。また、学年主任等の中核教員に危機管理担当を担わせ、学年単位で危機管理を徹底していくことも考えられます。

●報告ルートの明確化、マニュアルに基づいた共通実践

さらに、危機管理担当から教頭・副校長、校長への報告ルートを明確にすることで、学校の危機管理体制を構築していきます。そして、子どもたちや学校の危機にかかわる情報が、教職員の判断で止まってしまうことがないようにすること、危機かどうかを判断できないときは、とにかく報告することを徹底させることで、危機管理体制は盤石になっていきます。

また、学校ごとに作成されている危機管理マニュアルを教職員全員で読み合い、共通実践ができるようにしておきます。食物アレルギー事故発生時の対応などでは、マニュアルを活用したシミュレーション訓練をすることで、教職員の危機管理意識が高まっていきます。

教職員一人ひとりがもつ違和感が、危機管理の要諦であり、危機管理の始まりであることを、さまざまな機会に説明するとともに、校内で発生した危機管理事案の好事例を紹介し、共有していきましょう。また、保健室との連携を深め、養護教諭が少しでも心

配する事案が発生した場合には、躊躇せず管理職に伝達することを徹底させることも重要です。

Ｑ１－②　教職員による不祥事が発生したときに、どう対応すればよいのか心配です。（プレ校長）

Ａ　服務規律違反や非違行為など、教職員の不祥事が後を絶ちません。とくに、子どもたちへの性加害や体罰、不適切な指導などは、子どもの心の傷となり、生涯癒えることはないかもしれません。また、学校教育全体への信頼を欠くことになり、その後の学校経営を困難にします。校長には、教職員に不祥事を起こさせないという強い覚悟が必要です。

●まずは子どもたちへの影響を最小限にし、善後策を実行する

もし、不祥事が発生した場合に、最初に考えるべきは、子どもたちへの影響を最小限にすることです。子どもたちの心理的影響を考えてスクールカウンセラーを派遣するといった動きもこの考えによります。

また、同様のことが今までなかったかを調査するとともに、善後策を実行していきます。いずれにしても、教育委員会からの支援や指導・助言を受けながら、早急に対応策を練って、実行していきます。危機管理マニュアルなどを参考にしながら、対応にもれや重複がないよう、丁寧かつ迅速に行動することが重要です。さらに、教頭・副校長等に命じ、対応の一部始終を時系列で記録しておくことも忘れてはなりません。もし、訴訟に発展した場合はその記録が重要な資料になります。

校長として、教職員の不祥事の対応を経験することは少ないかもしれませんが、危機管理のひとつとしてシミュレーションしておけば、実際に発生したときに慌てずにすみます。危機対応の際、校長がどっしり構えていれば、教職員も安心して教育活動に専念できます。

●不祥事を未然に防ぐために大切な校長の違和感

教職員の不祥事を危機管理の視点でとらえれば、不祥事を起こさせないことが最大の危機管理となります。その場面で発揮されるのが校長の違和感です。それは、教職員の様子を毎日見ているからこそ気づくことです。出勤時刻がぎりぎりになってきた、休暇取得が多くなった、休憩時間の電話が多くなった、机上が雑然としてきた、退勤時刻が遅くなっている、子どもたちへの対応が荒くなってきた、等々、いつもと違う行動には何らかの理由があるはずです。

ただ、教職員の個人情報にかかわることなので、安易に理由を問いただすことには注意が必要です。学校教育法に示された所属職員の監督の一環であるという説明をしたうえで、話を聞かなければなりません。それが杞憂に終わったとしても、また本当のことを言わなかったとしても、校長が異変に気づいていると理解させることに意味があります。

さらに、教育委員会からの指示に従い、不祥事や服務事故等の防止のための研修会を開催し、常に意識の醸成を図っていくことも行っていきます。これは、校長の責任を果たし、自身を守ることにもなります。

人は誰しも他者には見せない面をもっています。とくに、性的指向は個人の内面の問題です。しかし、小児性愛などは、その片鱗を見せることがあります。子どもたちとの身体接触が多い、着替えている場所を離れない等、何かしらの違和感を感じた場合は、子どもたちの体に接触してはならないことや、誤解を招く行為であることとして、指導すべきです。

Q2−① 学校でトラブルが起きたとき、保護者に対応する際にとくに留意すべきことや、対応のポイントがあれば教えてください。（小学校・4年目）

A 学校でのトラブル発生とそれに伴う保護者対応は、学校の危機管理のひとつです。軽微なものも含めれば、学校の危機管理の事案としては最も多いかもしれません。

●事実確認と保護者への説明は迅速に

保護者対応も含め、危機対応の原則はスピード感です。それを進めるのが「校長の早い判断」です。ここで言うスピード感とは、早く解決することではなく、早く動くことです。対応すべきことを書き出し、一つひとつ確実に行っていきます。ここで時間をとってしまうと、保護者の不信感を増大させます。

まず、学校が行うべきは、事実確認と保護者への説明です。当事者だけでなく、周辺情報も聞き取り、トラブルの全容を浮き彫りにしていきます。ここで注意しなければならないのは、ストーリーをつくらないことです。当事者の話も含め、関与するそれぞれにとらえ方があります。それらを総合してひとつのストーリーにしてしまうと、どこかで矛盾が生じます。Aは「ぶつかったかもしれない」と言っている。Bは「Aに押された」と言っている、というように、いわゆる両論併記で記録していきます。

●事実のみを伝え、保護者の気持ちを汲み取る

保護者に対しても、事実のみを伝えるようにし、憶測や不確定なこと、当事者のどちらかを擁護するような発言は控えます。また、保護者の話をよく聞き、気持ちを汲み取っていきます。連絡がなかったこと、対応が遅くなったこと、同じことが繰り返されてきたことなど、保護者の不安や怒りの根本を見出し、学校に明らかな瑕疵があった場合は、真摯に受けとめて謝罪すべきです。事実関係の説明も、その時点での確認事項であって継続して調査するのか、これ以上の事実確認はできないと判断したのかを明確にしておかないと、無駄な期待をもたせることになります。

最終的に説明することは、学校としての対応方針と具体策です。子どもたちの人権を守ることを大前提に、いつまでに誰に対して何をするのかといった具体的な取組事項を順番に説明していきます。また、実施したことを報告することも約束します（約束したからには、遺漏なく実施しなければさらに信頼を失うことになります）。

ここでは、保護者を説得するのではなく、あくまでも学校としての説明です。保護者の要望もあるかもしれませんが、何でも受け入れるのではなく、学校としてできないことは明確に断るべきです。その意味でも、最後に確認と了承を得ることがポイントとなります。自分の話をしっかり聞いてくれた、すぐに動いてくれたと、保護者が実感できるように対応していくことをめざしていきましょう。トラブル発生から解決の見通しまで、校長の早い判断によって問題の複雑化、長期化を防ぐことができます。

Q2-② 校長としてさまざまなことを適切に決断できるか不安です。（プレ校長）

A　校長の仕事は、判断、決断の連続です。組織としての決断は校長にしかできないものであり、自分の決断は正しかったのか、もっとよい方法はあったのではないかと、不安になります。その不安を払拭するためにも、日頃から準備をして決断力を高めていきましょう。

●情報収集と順位づけの習慣化で決断力を高める

まず、日常的に情報収集に努めましょう。情報収集力は、校長に必要な資質・能力です（第1章マインドセット6参照）。多面的・多角的に情報を集め、その背景や意味を考える習慣をつけておきます。子どもたちに関する事件・事故の情報を得たら、それで終わりではなく、自校で発生したらどう動くか、未然防止のためにできることは何か、などのシミュレーションによって自分事としていきます。さらに、「明日の職員打ち合わせで子どもたちの指導を指示する」といった具体的な行動を決めていきます。このような習慣が経験値を高め、決断力を高めます。

日々の経営課題に軽重や順位をつける（第1章マインドセット9参照）ことも、決断力を高めます。学校のさまざまな情報を集め、課題として整理していきます。次に、課題の緊急性や重要性によって軽重や優先順位をつけていくことになりますが、ここで発揮されるのが決断力です。課題Aよりも課題Bを優先すると決めるためには、その基準が必要です。「子どもたちの生命と人権を守る」「授業力向上を図る」「地域の信頼を得る」等の基準をもつことが決断力を支えます。この基準は、校長の教育観や価値観そのものです。決断することは、教育者としての自身のあり方を問われることです。

●決定によるリスクと周囲への影響を想定する

なるべく早く決断しようとすると、決定することに懸命になり、忘れてしまうことがあります。それは、決定によるリスクです。何かを決定することは、何かをあきらめることでもあります。その点にも想像力を働かせ、その決断によるリスクを最小限にすることも考えなければなりません。

リスクと同様に、周囲への影響も想像し、想定することが大切です。学校のなかで完結するような事案であっても、その情報は公然のものとなります。公教育である以上、周囲への影響も考えていかなければなりません。必要ならば、教育委員会や校長会に相談したり、報告したりしておくことも必要です。このように、多面的・多角的に考えて決断することが、第1章マインドセット7の「校長の視座をもつ」ことにつながり、校長の視座を確かなものにしていきます。

校長の決断は、校長にしかできませんが、その過程は教頭・副校長と共有することができます。独善的にならず、視野を広げる意味でも、管理職として共に考えれば決断の迷いもなくなります。

また、同じ校長同士でも相談できます。仲間としての校長は、同じ経験をし、同じ悩みをもっているはずです。先輩校長からのアドバイスは、きっと背中を押してくれるはずです。

３　仕事だと割り切る

Q３―①　教科や授業、学級経営へのよい意味でのこだわりがなかったり、プロ意識が低く子どもたちに不適切な言動をしたりするベテラン教員を、どのように指導すればよいでしょうか。（小学校・２年目）

A　人材育成というと、若手教員の育成に目が向きがちですが、ベテランの教員のなかにも、真に育成が必要な人材がいます。職への責任感や組織への貢献意欲も低く、授業改善の意識も低い教員です。経験年数だけは積んでいることもあり、これまではそんな教員の状況に目をつぶり、人材育成の対象としてこなかったという反省もあります。校長よりも年齢が高い教員もいますが、教職員の指導は校長の職責であり、割り切って対応しなければなりません。

●ベテラン教員の育成も校長の仕事

自己改善意欲の低い教員の人材育成について考えていきましょう。

まず、ご質問のように不適切な言動があるとしたら、人材育成とは別の視点で対応すべきです。子どもたちや保護者からの指摘があれば、手続きを踏んで聴取を行い、しかるべき指導をします。教育委員会にも報告し、対応を検討していきます。おおごとにすることで、ことの重大性に気づかせていきます。また、校長が認知していたのに対応しなかったとすれば、それ自体が問題になります。頻繁に授業観察を行い、人権にかかわる言動等について指導するとともに記録を残しておきます。

さて、自己改善意欲の低い教員はどんな思いをもっているのでしょう。その教員の言動や授業の様子、同僚とのかかわりなどの様子を見て分析していきましょう。本当は改善意欲があるのに、時機を逸してしまって、実は自信がないのかもしれません。若手教員に先を越され、あきらめているのかもしれません。いずれにしても、その教員の心の奥底がわからないと対応策が考えられません。

●人事評価制度や校務分掌を活用する

教職員の人事評価制度等の仕組みを活用し、面接を行って探っていきましょう。さらに、努力目標を設定させ、その進捗を確認し、指導を重ねます。もしかすると、それまでの経験のなかで丁寧に指導されたことがないのかもしれません。

また、人材育成は人的環境によって促進されます。どんな学年集団に入るかによって、必然的に主体性を発揮させることもできます。校務分掌でも、フォロー体制を取りながらプロジェクトを任せ、自己有能感をもたせることも考えられます。経験年数に反して、そのような場が与えられてこなかったことが原因だったかもしれません。

ただ、その理由が真に資質・能力の欠如にあるとしたら話は深刻です。育成課題を明確にし、教育委員会と連携しながら、徹底して育成を図っていかなければなりません。教員は公務員であり、その給与は税金が充てられています。教職員の管理監督の視点として、納税者の視点も欠かせません。また、公教育として子どもたちが不利益を被ることも許されません。校長にはそんな厳しさも必要です。

Q3—②　校長経験のある再任用教員や自分より年齢が上の教職員に対し、どのように接していけばよいでしょうか。（プレ校長）

A　公務員の定年延長、役職定年により校長経験者が教職員として配置されるようになりました。立場は異なるといっても、校長経験者が教員として在籍していることには少なからず気を遣います。人として、長幼の序をわきまえるのは当然ですが、仕事だと割り切り、所属職員の一人として接することが一番ではないでしょうか。その先生にとっても、他の教職員にとっても、特別扱いしないことが自然です。そう割り切れば、校長経験者としてアドバイスをもらうという発想も不要です。

●年齢や経験に関係なく、校長の仕事と割り切って指導する

元校長でも、現在の職が教諭であれば、その職の職責を全うしなければなりません。学校教育法37条は、小学校における教職員の職務を規定しています（中学校については49条で読み替え）。

また、それぞれの職層の具体的な職務内容については、設置自治体の管理運営規則等に規定されているのでご確認ください。

校長より年齢も経験年数も上の教職員がいることも珍しくありません。元校長と同様、長幼の序をわきまえることは当然ですが、校長の職として接することが大切です。職位が年齢や経験を超えるのは、社会の常識であり、全く気にする必要はありません。校長として言うべきことは躊躇せずに言わなければなりません。

●どんな相手でも真摯に対応することが信頼につながる

校長として気をつけなければならないのは、校長は偉いとか、校長は何でもできると

いう勘違いです。その思い込みがあると、教職員や保護者にもその態度で接することになります。パワーハラスメントの最大の要因は、この思い込みです。校長は、偉いわけでも、権力をもっているわけでもなく、責任が重いということです。校長室が与えられるのは、学校を代表する責任者であるからです。

また、人によって態度を変えるようなこともあってはならないことです。対外的には謙虚な姿を見せているのに、学校内では高圧的に振る舞うといった行動には大人としての未熟さがあります。教職員に対して、人や職層によって態度を変えるようなことも、その深層には差別意識があります。そのような場面を教職員や保護者・地域の人々が見れば、人間性が疑われ、信頼を失います。

子どもたち、教職員、保護者、地域の方々、教育委員会事務局職員、等々、校長はたくさんの人と接します。誰に対しても同じように、真摯に対応していかなければなりません。それができているか、おごりはないか、独善的になっていないか、折りに触れて振り返り、反省したいものです。校長として経験を重ねていくことは、校長の資質・能力を高めていくことだけではなく、人として成長していくことです。校長の日々の言動を通してそれが試されています。

Q4―①　学校の取組に対して、保護者や地域の理解を得るために、どのような関係づくりをしておけばよいでしょうか。（中学校・3年目）

A　学校と保護者は車の両輪の関係にあるといわれます。子どもたちの健全な成長のためには、同じ方向、同じスピードで動く必要があります。また、地域のなかの学校にあって、地域との連携・協働なしに教育活動は進みません。保護者や地域の理解を得られるようにするためには、信頼関係の構築が前提となります。

●事実だけでなく、子どもたちや教職員の活躍も伝える

信頼関係をつくっていくために最も重要なのが、積極的な情報発信です。人と人の関係も、互いをよく知ることで良好になっていきます。学校の様子は外からは見えません。見えなければ興味も湧きません。積極的な情報発信によって学校を可視化し、学校を知ってもらうことが始まりです。

発信の方法としては、ホームページやSNS、学校便り等の印刷物の配布や掲示板へ

の掲示などが考えられます。デジタルの時代になっても、地域の方々には紙ベースのほうが手に取ってもらいやすいということもあります。さらに、保護者会や地域の会合等の場で、校長自身が自校のアピールをしていくことが効果的です。校長の人間性も合わせて理解してもらうことが、連携・協働のスタートになります。

発信内容は日々の教育活動全般になりますが、こんな取組で、こんな成果があったといった事実だけを伝えるのではなく、そこで活躍し、光を放った子どもたちや教職員の様子を伝えるとよいでしょう。子どもたちや教職員の姿が目に浮かぶと、学校の動きを実感できます。

●都合のよい情報だけでなく、マイナスの情報も発信する

また、情報発信というと、プラスの情報、都合のよい情報を発信することだけを考えがちですが、本当の信頼を得るためには、マイナスの情報、都合の悪い情報も発信すべきです。情報を隠蔽し、後で発覚して信頼を失う事例はいくらでもあります。伝える範囲に留意しながらも、発生した事実を丁寧に伝えていきます。事件・事故にかかわる臨時保護者会が発生から時間を置かずに開催されるのもそのためです。

悪い情報だけでなく、援助を求める情報も発信していきたいです。こんなことで困っ

ています、力を貸していただけませんか、といった発信も、学校の動きを実感させます。実際に保護者や地域の方々が手を貸してくだされば、学校への理解も深まり、学校も助かります。何より、保護者や地域の方々のなかに、学校の力になりたいという機運が醸成されるところに価値があります。

社会に開かれた教育課程の理念を実現するためにも、積極的な情報発信による信頼関係づくりを進めていきましょう。良い情報・悪い情報、困ったことや助けてほしいことを伝え、風通しのいい学校をつくっていきましょう。

コラム9　ホームページをどう活用するか

何かを調べようとするときにインターネットで検索したり、ホームページを閲覧したりすることはいまや当たり前の行動です。しかも、スマートフォンによって、いつでもどこでも見られる環境になっています。それを前提に学校のホームページを考えていくことがポイントです。

ホームページの役割は、情報発信です。情報を得ようとしている人の立場で考えたときのポイントは次の3点です。

①必要な情報にアクセスしやすい

②情報更新が早い

③サイトのなかで完結する

公立学校のホームページは、教育委員会が一括管理していることが多く、設計の自由度が低いことがあります。その制約のなかでも、見やすいホームページ、情報にアクセスしやすいホームページをつくっていきたいです。その際、活用すべきはトップページに配置される「新着情報」です。たとえば、学校行事に関することや健康安全情報など、保護者がすぐに知りたい情報は、「新着情報」にタイトルを掲載し、リンク先に飛べるようにしておきます。

また、ホームページは鮮度が命です。更新が遅いサイトは価値がないと判断されてしまいます。ホームページに鮮度をもたせるためには、ペーパーレスを進めることです。印刷物で伝えていた情報をすべてホームページにアップし、その事実をメールやSNSを使って周知していきます。メールやSNSにリンクをつけておけば、そこから必要な情報に飛ぶことができます。部外者にとっても、頻繁に更新されるホームページを見れば、学校の生の営みが伝わってきます。

サイトのなかで完結するとは、さまざまな手続きや連絡がホームページ内で可能になるということです。保護者等の関係者のみが閲覧できるようにパスワードで保護しておくこともできます。さらに、子どもたちにも1人1台端末と連動させて、情報を伝達したり、学習の状況を知らせたりすることもできます。

ホームページは、他のメディアと連携させることでその可能性が格段に広がります。

Q4―② 相談相手がいないので心配です。（プレ校長）

A 校長の矜持とは何でしょうか。教育者としての信念、学校を預かるという責任感、子どもたちと教職員を守る等、ご自身の言葉にしてみましょう。いずれにしても、矜持には自らの誇りと自尊心によって自分の行動を抑制するという意味合いがあります。自分の行動を抑制することを考えると、何でも自分でやらなければならないと思ってしまいますが、そんなことはありません。逆に、個人としてのプライドを捨て、学校を第一に考えることを、校長の矜持とするべきです。

●学校を第一に考え、教頭・副校長や教職員の声を聞く

ご質問の趣旨が、校長は誰に相談することもなく、何でも自分の責任で判断・決断していかなければならないということだとしたら、それはむしろ逆かもしれません。

学校を第一に考えれば、さまざまな角度から情報を得て判断し、教職員の声を聞くことで、最善を尽くすことを大切にすべきです。もちろん、最終的な判断は校長が行うものであって、責任が伴いますが、校長の判断・決断に対し、教職員がかかわることが組織的運営の肝になります。とくに、共同経営者である教頭・副校長は、最も頼りになる相談相手です。その教頭・副校長が、自身の思いや考えを発言できるよう、信頼関係をつくっていきます。そのためにも、伝えるべき情報は隠すことなく共有していきます。同じ情報を共有することで、信頼関係が高まっていきます。

また、校長であってもわからないことは、わかっている人に教えてもらうべきです。校長の面子や意地は、学校経営には不必要です。

もし、ご質問の趣旨が、相談できる人が見当たらないというものだとしたら、そんなこともありません。前述のように教頭・副校長がいます。ただ、校長の職務の内容にかかわる相談は、他の校長や校長経験者、教育委員会事務局等を頼るしかありません。

●校長会や教育委員会も頼りにできる

校長会は、教育施策や校長会としての課題、教育課題に対する解決策等の情報を共有する場です。誰もが悩みながら学校経営をしており、その悩みは校長にしかわからないものです。さまざまな経験を積んできた校長も多く、校長会の全員が相談相手になってくれるはずです。

また、教育委員会事務局も頼りになる存在です。校長の重要な職務として教職員の異動事務があります。その手続きや提出書類等の準備などには最も気を遣います。もしわからないことがあれば、小さなことでも問い合わせるべきです。こんなことを聞いたら校長としての見識が問われるのではないか、などと考える必要はありません。それよりも、教職員の異動事務に不備があったり、提出が遅れたりするようなことがあれば、教職員や教育委員会に迷惑をかけることになります。

校長は孤独だ、校長の後ろには誰もいない、といった声が聞かれますが、そんなことはありません。校長のコミュニケーション力（第4章参照）を発揮し、ネットワークをつくっていきましょう。

5 好き嫌いで仕事をしない

Q5－①　教職員の個性が強く、人間関係づくりに苦慮しています。さまざまな個性のある教職員とうまくやっていくためのコツなどがあれば教えてください。

（小学校・１年目）

A　前述したように、アドラー心理学では「すべての悩みは対人関係の悩みである」といわれます。教職員の個性や資質・能力を把握し、それを最大限に活かしていこうとするとき、その前提として人間関係の構築が重要になってきます。

校長として教職員とのコミュニケーションを大切にしようとしてもなかなか思うようになりません。多様性の時代にあって、組織内の画一性はリスクともいわれます。教職員に多様性があることは、可能性を秘めていることでもあります。しかし、協調性がなかったり、独善的だったりする場合は、教職員以前の組織人としての問題です。

●仲よし集団である必要はない

さて、ここで学校組織における人間関係について考えてみたいと思います。教職員間の人間関係ができていれば、仕事はスムーズに進行します。また、意思疎通により互いを補完しあうこともできます。組織における人間関係は、あくまで職務を前提としたものであって、仲よし集団である必要はありません。すべての教職員が仲よくなるとか、和気あいあいをめざす必要もありません。

もちろん、教職員同士が仕事を超えて仲よくなることはいいことですが、校長が口をだすことでもありません。仕事が円滑に進む人間関係が保たれていればそれでいいと考えるべきです。

それは、校長との関係も同様です。職務上のコミュニケーションが取れていればそれでいいと割り切ることが大切です。それ以上の人間関係づくりをめざそうとすると、どうしても、好き嫌いの感情が生まれてしまいます。

では、ご質問のように、さまざまな個性のある教職員とうまくやっていくためにはどうしたらよいのでしょう。

●他人ではなく自分を変える

まず、相手をよく理解することです。言動から垣間見える価値観や教育観、得意・不得意、コミュニケーションの特徴などを多面的にとらえていきます。そして、その教職員の全体像を明らかにして、それを個性として尊重していくことを考えます。否定したり、無理に変えようとしたりせず、その個性を活かす方法や場面を想定します。

個性的な教職員には、他の教職員にはない発想があるかもしれません。そんなアイディアを活かしていけば、活躍の場が生まれ、必然的にコミュニケーションが活発になります。それが、多様性のある組織のメリットということになりますが、職務上支障をきたすような言動には、毅然とした態度で指導すべきです。

他人を変えることはむずかしいですが、自分自身を変えることはできます。どんな人に対しても、「好き・嫌い」や「合う・合わない」で接するのではなく、自分のとらえ方を変えていくことが必要です。

Q5－② 多様な保護者がいるなかで、保護者対応に自信がありません。（プレ校長）

A 「校長先生の話を聞きたい」と、校長室を訪れる保護者、担任との電話で「管理職に替われ」など、校長が保護者と直接対応しなければならない場面があります。学校の教育活動に協力的な保護者もいれば、そうでない保護者もいます。子どもたちと同じように、保護者もいろいろです。共通する願いは、わが子の成長であり、わが子をしっかり見てほしいということです。

この思いや願いは学校も同じです。ただ、学校はすべての子どもたちの成長をめざしているのに対し、保護者が見ているのはわが子です。このスタンスの違いを明確にして保護者に対応していきましょう。

●保護者の立場に立って聞き、校長の視座に戻って考える

「保護者対応」には、クレーム対応、問題発生時の面接・話し合いのようなマイナスイメージがあり、気持ちを憂鬱にさせます。こちらの話を受けとめてくれる保護者ばかりではありません。主張するだけで話を聞かない保護者もいます。それでも、どんな保護者の話もよく聞きましょう。保護者の要望や不安を聞き取り、共感できるところは共感の意を示していきます。

第1章マインドセット7の「校長の視座をもつ」でも説明していますが、保護者の立場に立って考えてみると、主訴は何なのかが見えてきます。そして、校長の視座に戻って、教育者として考えていきます。

その際、迎合するような発言をしたり、安易に約束したりしないことがポイントです。

また、わが子のことを否定されるような発言は、保護者は自分自身が否定されていると
とらえることもあり、言葉を選んで伝えることを心がける必要があります。

一方、報告が遅れた、対応が不十分だったなど、明らかに学校側に非がある場合は、そのことについて真摯に謝るべきです。その際、「〇〇については、お詫びいたします」のように、何についての謝罪なのかを明らかにしておくことで、誤解を防ぐことができます。

保護者の話をしっかり聞いたら、学校としての方針やルール、具体的な対応策を丁寧に説明していきます。その際、学校として「できること」と「できないこと」を明確にして説明することがポイントです。ここを曖昧にすると、誤解や齟齬が生じてしまいます。

●冷静に対応し、経験値を高めることに転換する

校長も人間です。苦手だと思う保護者がいて当然です。しかし、その感情は必ず相手に伝わります。好き嫌いで仕事をしないという思考法は、保護者にも適用されます。好き嫌いではなく、こんな考え方もあるんだ、こんな保護者もいるんだと、冷静にとらえて自分の経験値を高めることに転換していきましょう。

そして、終始冷静に、感情的にならないことがポイントです。感情的になっている保護者に同調してしまうと、問題がもつれるだけです。保護者が感情的になればなるほど、冷静になることが必要です。常に自分自身をモニタリングし、感情の動きを冷静に見つめておきましょう。

保護者対応で最も大切なことは、逃げないことです。誰かに任せず、自ら向き合っていけば、必ず解決の糸口が見えてきます。

6 最善を尽くす

Q6—① 教職員それぞれに事情があり、人事異動のヒアリングの際に迷うことがよくあります。どのようなことに留意しながら対応すればよいでしょうか。

（小学校・3年目）

A 人事異動は教職員の生活を大きく変える可能性があります。教職員それぞれが事情を抱えており、校長の職務のなかでも最も気を遣うものです。基本的には、教育委員会の異動要綱等に沿って粛々と進めることになりますが、なるべく教職員の希望が叶うように最善を尽くしていきましょう。

●希望・事情をよく聞き取り、教育委員会に正確に伝える

まず、当該教職員の事情をよく聞くことです。とくに、保育や介護等の家族の状況、本人の健康状態や通勤手段の状況、異校種への異動の希望など、必要な事情はすべて聞き取っていきます。

このとき、気をつけるべきは、希望が叶うと誤解されるような発言をしないことです。異動に絶対はありません。異動の主体は教育委員会であることを肝に銘じておきましょう。異動要綱等に示された異動の特例も校長が判断することではなく、申し出に基づいて教育委員会が判断することになります。

当該教職員の事情を整理し、教育委員会とのヒアリングに臨みます。ここでは、教職員の事情と希望をそのまま伝えることが基本であり、校長の思いと区別して伝えます。また、保育特例や介護事情にかかわる特例など、各教育委員会の異動要綱等で定めている次項を理解し、当該教職員に説明できるようにしておきます。それが、異動にかかわって校長が最善を尽くすことです。

●教職員や学校にとっての最善を考えて判断する

一方、校長として異動を勧めることもあります。教職員にとって、異動は最大の研修である、という言葉のとおり、教職員の将来やスキルアップを考えれば、異動によって環境を変えることが最善策になる場合もあります。ひとつの学校に長く在籍することはけっしていいことばかりではありません。自分で居心地よくしてしまうため、変化に対応できなかったり、学ぶことがおろそかになったりします。学校運営上もマイナスに働くこともあります。そのような場合は、当該教職員の将来を考えて、異動を勧めたり、異動させたりといった決断が必要になります。

また、校長は、自校の継続的な発展も考えなければなりません。その最大の要因が教職員の構成です。学校を変えたかったら人を変えることだ、ともいわれます。学校にとって、どのような教職員の構成が望ましいのかといった人事構想が必要です。人材不足の時代にあって、校長の思いどおりにはなりませんが、校長の視座を高め、将来の学校の姿を展望しておきましょう。

人事異動は、教職員一人ひとりの事情を汲んで最善を尽くすものです。一方で、校長として学校の継続的な発展を実現するものでもあり、この2つを両立させることに悩みます。その折り合いをどうつけるか、それが校長の力量となります。

Q6―② さまざまな教育課題に対して柔軟な学校経営ができるか、同僚性の高い教職員集団が組織できるか心配です。（プレ校長）

A 学校教育は課題山積です。学校現場の課題が解決していないなかで、広く社会から求められる教育課題に対応するには、柔軟な学校経営が必要になります。

●優先順位を決め「今」を見極めて柔軟に判断する

組織における柔軟さとは、その場やその時に応じた適切な判断ができること、臨機応変な対応ができることです。別の見方をすれば、それは何かをあきらめることでもあります。すべての教育課題に対応していくことは不可能です。第1章マインドセット9の「経営課題に軽重や順位をつける」で説明したように、今、対応が必要なのはこの課題と決め、集中して取り組むことが最善を尽くすことです。その「今」を見極めるのが、校長の情報収集力と判断力です。

柔軟さとは、優先順位を決めることであると言い換えることができますが、その優先順位が決まらなかったり、急な変更があったりすると、教職員が落ち着いて職務に専念することができません。この場面でも、校長の思考法2「早い判断を心がける」が必要になります。

現状を適確に見極めて判断し、取組の方向性を示し、組織として対応することを徹底していくことが大切です。たとえば、ＩＣＴの活用による授業改善は、重要な教育課題ですが、校内研究のテーマとして集中的に取り組むといった方法が考えられます。また、子どもたちの問題行動に対し、児童生徒理解集中月間などを設定して期間を限って成果を出していくといった判断も必要です。

●心理的安全性・ベクトルの向き・経営課題への設定

教育課題に対応していくには、学校が一体となって取り組んでいく必要があります。その理想的な組織の形が、ご質問にある「同僚性の高い教職員集団」です。教職員が互いに学び合い、議論を深められる組織は、協働的な学びが実現できている組織です。同僚性が高ければ、教職員一人ひとりの資質・能力の向上はもとより、組織全体の力が高まっていきます。

では、同僚性の高い組織はどのようにつくっていけばよいのでしょうか。

第1の条件は、組織の心理的安全性の担保です。誰からも否定されない、安心して意見表明できる組織は、互いに相手を尊重し、学び合う雰囲気ができています。そのためには、教職員同士が意見を交流する場を意識的につくることです。誰もが自分の仕事で精一杯で、コミュニケーション不足に陥っているのが現状です。それが同僚性の高まりを妨げています。学年会や研修会等、交流する場と時間をつくることがポイントです。

第2の条件は、向かうべき方向を明確にすることです。後述の「ベクトルの向きをそろえる」ことで、教職員一人ひとりが目標に向かって最善を尽くすように動き出します。

第3の条件は、心理的安全性の確保を前提に、教職員の協働的な学びにより同僚性を高めていくことを経営目標に掲げることです。経営課題とすることで、校長自身の課題意識が高まり、校長のマネジメントがうまく回っていきます。

コラム10　ベクトルの向きをそろえる

多様性の時代にあって、いまや画一性はリスクであるといわれます。多様性のある組織は、現状を打開するための新しいアイディアを生み出すことができ、組織改革への抵抗も少なく、持続可能な発展を遂げます。異なる考えが融合することによる相乗効果（シナジー）が期待されます。

学校も多様な教職員で構成されています。年齢や経験年数、教職員としての資質・能力もさまざまです。すでに多様性を実現しているように見えますが、大事なことは全員が組織目標の達成という方向を向いているかということです。多様性のある組織は、誰もが組織目標を理解し、そのために、もてる力を発揮していることが前提です。

では、組織目標とは何でしょうか。学校における組織目標は、教育目標です。その目標に向かうための地図になるものが校長の学校経営計画です。すべての教職員が、校長の学校経営計画に基づき、教育目標に向かっていくことが学校経営の具体的な姿です。

しかし、それは簡単なことではありません。組織人としての多様性が、多様性のある組織としてのまとまりをむずかしくするという皮肉です。

ここで、教職員一人ひとりを一つのベクトルとして考えていきましょう。ベクトルの向きは、個々がめざすものを表します。また、ベクトルの大きさ＝長さは、個々の資質・能力となります。前述のように、多様性のある組織では、全員が組織目標に向かっている必要があります（下図右）。教職員のなかには、自分の学級や学年のことだけを考えている教職員や、自分のことしか考えていない教職員もいます。個々のベクトルの向きが異なっていると、総体として打ち消し合ってしまうことになり、組織力は低下します（下図左）。

いろいろな方向を向いている教職員のベクトルの向きをそろえるためには、組織目標を明確にすることが必要です。しかし、前述のように、学校には教育目標があるはずです。問題は、それをしっかり見ていないこと、組織目標に向かおうとする意識が低いことです。また、教育目標が画餅に帰していることも考えられます。

バラバラなベクトルの向きをそろえるた

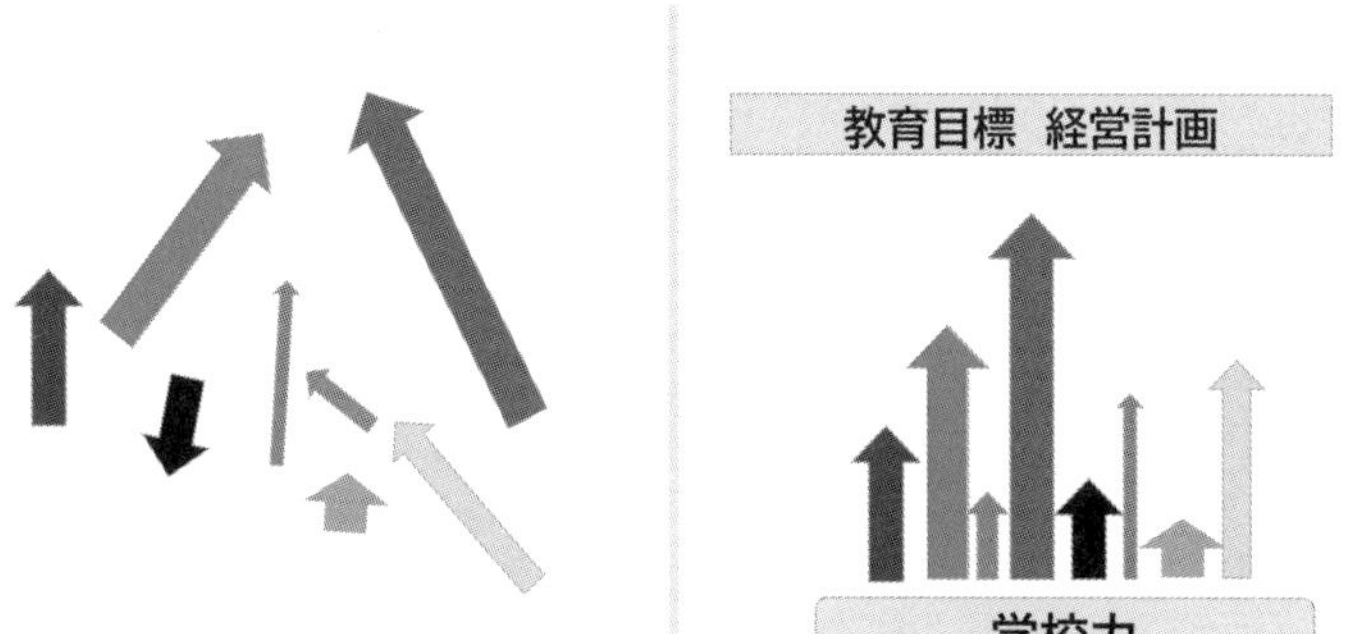

図　ベクトルの向きをそろえる

めにあるのが、学校経営計画であり、学校経営方針です。年度当初の学校経営計画の説明の場面で、丁寧に説明していきます。また、第1章で述べたように、学年目標や学級目標を決めるときに、学校の教育目標と連動させて考えていくようにすると、教職員も子どもたちも学校の教育目標を意識するようになります。

ベクトルの向きがそろうと組織としての力が高まり、仕事もしやすくなります。さらに、組織力を高めていくためには、ベクトルの量を増やしていくこと、長くしていくことが必要です。

個々の資質・能力を伸ばすことは、人材育成にほかなりません。個々の育成計画を明確にし、組織全体で、人材育成の空気を醸成していくことを考えていきます。それが学び合う組織です。子どもたちと同じように、教職員についても個別最適な学びと協働的な学びを往還しながら、組織全体で高まっていきます。このとき、多様性としての個々のよさや得意分野が発揮されることで、組織内に相乗効果が生まれます。

教職員のベクトルの向きがそろい、ベクトルの量としての資質・能力が高まっていけば、組織は盤石になり柔軟性をもつことができます。数学的な見方・考え方は、学校経営にも転移できそうです。

7 できない理由を探さない

Q７―①　教員研修を充実させたいと思っていますが、それにより勤務時間が増加してしまうこととの兼ね合いに悩んでいます。何かよい方法はないでしょうか。

（小学校・１年目）

A　研究と修養は、教育基本法や教育公務員特例法に示された教員の義務です。授業改善や教育課題に対応するためにも、教員研修の充実が求められています。ご質問にもあるように、充実した研修を実現しようとすれば、それだけ時間が必要です。勤務時間を超えて研修を企画することもできません。しかし、勤務時間内では研修を充実させることができないと、できない理由をあげていては、何も変わりません。

●「できない」の背景にある前提を疑ってみる

まず、発想を変え、研修を充実するには時間が必要であるという前提を疑ってみましょう。限られた時間のなかで、最大の効果を出す方法を考えます。職員打ち合わせの時間に5分間でミニ研修を実施している学校があります。短時間かつ内容をワンポイントに絞ることで効果があがっているそうです。

全員参加しなければならないという前提も疑います。内容によっては希望者だけが参加する研修会があってもいいかもしれません。教職員が講師を務める、複数の研修会を同時開催して、参加者に選択させるという方法もあります。ＩＣＴのスキルや指導法にかかわる内容では、より個別最適化を図れる可能性があります。

学年会や教科部会等と連動させ、そこで話し合った内容を研修会で共有し、深めていくという方法も考えられます。また、各自がオンライン研修の動画を視聴したうえで、研修会に参加すれば時短になります。

不測の事態に備えて教育課程上の余剰時間を確保することが一般的でしたが、文部科学省も必要以上に授業時数を確保する必要はないと説明しています。とすれば、学校によっては、月に数回は午前授業にして、午後の時間をすべて教員研修に充てることが可能です。また、教育委員会や保護者の同意が得られれば、学期に1回程度の自宅学習日を設定し、全日教員研修に充て、集中的に研修を行うこともできます。

さらに、本当に研修会は必要なのか、ということも考えてみたいと思います。もし、教職員集団の同僚性が高く、学び合う組織になっていれば、毎日が研修会です。自らが必要とする内容について、指導・助言を受けたり、学び合ったりする組織であれば、教職員の個別最適な学びと協働的な学びが成立しており、あえて研修会をもたなくてもよいかもしれません。

教員研修の充実と学校における働き方改革の推進、一見すると二律背反のようですが、打開策は必ずあります。できない理由を探すと思考停止になってしまいますが、常識を疑ってみると、思考が回り始めます。

Q７－② 校長としての資質向上のための時間がとれないのではないかと心配です。（プレ校長）

A 校長は何かと忙しく、自身の資質・能力向上のために時間をとることがむずかしいのではというご質問です。時間がないことを理由に学び続けることをあきらめていては、学び続ける教師は体現できません。校長の学びについて考えていきましょう。

● ICTによるコンテンツや情報発信の機会を活用する

校長の学びは、自ら求めていくものであり、その時間は自分でつくっていくしかありません。たとえば、電車やバスで通勤しているのであれば、通勤時間などの移動の時間も学びにできます。読書の時間にも充てられますし、オーディオブックで聴く読書も可能です。研修動画の視聴もできます。ＮＩＴＳ（教職員支援機構）には、たくさんのコンテンツが公開されていますし、研究団体や大学、教育研究機関では、セミナーの様子のアーカイブ配信をしており、学ぶ機会は格段に増えています。時間とＩＣＴを活用すれば、学びの時間は確実に増えていきます。

アウトプットが多い校長にとっては、インプットがなければ情報が枯渇し、学校経営にも支障が出ます。また、そのアウトプットを学びにすることもできます。校長から教職員へ発信する「校長室だより」のような情報発信や、ホームページの「校長室通信」等、自らにアウトプットを課して、校長の学びをつくっていくことも効果的です。

校長の資質・能力については第４章で解説していますが、まず自身の資質・能力をリフレクションして、自らの課題を明確にしていきます。その際、文部科学省の「公立の小学校等の校長及び教員としての資質の向上に関する指標の策定に関する指針」（令和４年８月改正）や日本教育経営学会による「校長の専門職基準」などが参考になります。

●校長の職務を学びにする

そして、最も効率的な校長の学びは、職務をそのまま自らの学びにすることです。校長の職務内容について、体系的に学ぶ機会はほとんどありません。とくに経営、マネジメントという校長の仕事は、教頭・副校長の時代に垣間見てはいても、初めての経験です。そうであれば、学校経営を進めながら学校マネジメントについて学んでいきましょう。

学校の現状を把握し、課題を分析する。課題解決のための方策を立案し、実行して、その成果を検証するといった一連のマネジメントと、教育課題を関連づければ、実践を通した学びが成立します。実践記録を残し、積極的にその発表の場を求めることで、評価を得たり、アドバイスをもらったりすることができます。毎日のように行っている業務を整理し、まとめる過程で、校長の学びは確かなものになっていきます。漫然と過ごすか、意識を高くもつかの違いが、校長としての成長の大きな差になります。

教職員時代と異なり、校長になると自身の資質・能力について指摘されることは少なくなります。経営がうまくいっていても、そうでなくても指摘されないことは恐ろしいことです。独善的にならないよう、常に自らを戒めていくことが必要です。「学び続ける教師の姿」は、校長にこそ求められるものです。

■おすすめの情報収集サイト

〔公的機関〕

① 文部科学省ホームページ　**https://www.mext.go.jp/**

審議会情報では、中央教育審議会の分科会や部会の開催日程や資料、議事録等が公開されています。各会議はオンラインで傍聴することもできます。また、ピックアップコンテンツには、「学習指導要領」や「働き方改革」等、テーマごとにコンテンツが用意されています。メールマガジンに登録しておけば、毎日、最新情報が送られてきます。→　登録：**https://www.mext.go.jp/magazine/**

② 国立教育政策研究所　**https://www.nier.go.jp/**

全国学力・学習状況調査の分析や各教科等の評価規準資料等を作成しています。PISA調査の結果等も掲載され、役立つ資料を見つけることができます。

③ 独立行政法人教職員支援機構（ＮＩＴＳ）　**https://www.nits.go.jp/**

教員の資質能力向上に向けて資料提供や研修を行っています。ホームページから閲覧できる研修動画は種類も多く、教員が個人で学ぶことも、学校の研修会でも活用できます。新たな研修制度の中心的役割を担うことになります。

④ 国立青少年教育振興機構　**https://www.niye.go.jp/**

各地の国立青少年自然の家の運営等、青少年教育の中心を担っています。子どもたちの体験にかかわる調査研究は、学校教育とも関係して興味深いものになっています。「体験の風をおこそう」運動や「早寝早起き朝ごはん」国民運動は広く知られています。

⑤ こども家庭庁　**https://www.cfa.go.jp/**

子ども向けのコンテンツもあり、こども基本法の説明動画等も掲載されています。子どもの視点に立つとはどのようなことかを理解するのに役立ちます。

⑥ 21世紀出生児縦断調査（厚生労働省・文部科学省）

平成13（2001）年、平成22（2010）年に出生した子どもをもつ保護者や本人を対象に、毎年追跡調査を実施しています。大規模な縦断調査の結果を、厚生労働省や文部科学省のホームページから閲覧することができます。

〔民間〕

⑦ ベネッセ教育総合研究所　**https://berd.benesse.jp/**

さまざまなアンケート調査を実施し報告書を公開しています。子どもたちの今がわかる調査結果は学校経営や指導改善の一助となります。

⑧ みんなの教育技術　**https://kyoiku.sho.jp/info/**

小学館が運営する小学校教員のための教育情報メディアですが、学校経営にかかわる情報も豊富です。

⑨ 東洋経済education × ICT　**https://toyokeizai.net/feature/ict-edu**

ICTの活用だけでなく、教育界にかかわるさまざまな情報を発信しています。視点が多角的で、視野を拡大してくれます。

⑩ 教育とICT Onlin　**https://project.nikkeibp.co.jp/pc/**

GIGAスクールにかかわる実践にとどまらず、ICTにかかわる情報が満載です。

〔各自治体〕

都道府県教育委員会や指定都市教育委員会、設置者である地方教育委員会のサイトや研修センター等のサイトは、その地域に特化した取組や教育施策、授業改善の情報などを得ることができ、ブックマークしておくと便利です。

第3章

グランドデザインをつくる

1 学校経営計画と学校経営方針

●学校評価の対象となる「学校経営計画」

平成19年の学校教育法の改正により、学校評価が義務づけられました。

第42条　小学校は、文部科学大臣の定めるところにより当該小学校の教育活動その他の学校運営の状況について評価を行い、その結果に基づき学校運営の改善を図るため必要な措置を講ずることにより、その教育水準の向上に努めなければならない。

（同法49条：中学校準用規定、同法62条：高等学校準用規定）

学校評価制度の基本的な内容は、同施行規則に規定されており、「自己評価」「学校関係者評価」「設置者への報告」となっています。

この学校評価の対象となる計画が「学校経営計画」です。その様式は、設置自治体の教育委員会が定めていますが、中期、短期の経営目標を明確にするとともに、評価に資するための「努力指標」や「成果指標」を設定するのが一般的です。それぞれの指標ごとに、中間や年度末に自己評価を行い、学校経営計画の進捗状況を評価します。その結果を学校関係者に説明して評価を受けるのが、学校関係者評価となります。自己評価や学校関係者評価の結果は教育委員会に報告するとともに、公開することが定められています（同施行規則66～68条）。

学校評価は、その結果を次年度に反映させることが重要であり、評価をもとに教育課程や教育計画の改善が図られることになります。それが「教育水準の向上に努めなければならない」の具体的な行動です。

一方、「学校経営方針」は、学校経営計画を進行していくための基本的な考え方や方向性を示したものです。学校の教育目標やめざす児童生徒像、めざす教職員像などを明確にしていきます。さらに、校長としての教育理念を明確にしていきます。ここでは、校長の教育観が問われることになります。

●学校経営計画・学校経営方針の使い方

学校経営計画は、教職員が取り組むべきことを明確にしたものですが、保護者や学校関係者、地域の理解と協力を得るための資料として対外的な説明資料としての性格があります。

一方、学校経営方針は、学校経営の基本的な考え方を示すもので、学校経営の方向性を明確にし、教職員の共通理解と共通実践、学校経営の効率化を図るために使われることになります。

学校経営計画の様式のなかに、学校経営方針を取り込んだものもありますが、年度当初にすぐに必要となるのが学校経営方針です。とくに、新たに着任した校長は、所信表明のような位置づけで、教職員に学校経営方針を示して説明することになります。

学校経営計画は、重点目標をどうするかといった判断はあるものの、中期的な目標であり、継続性も重要です。しかし、学校経営方針は、校長がその主体性を発揮して作成するものになります。

2 グランドデザインをつくる

学校経営計画や学校経営方針とは別に、グランドデザインの作成および公表を求める教育委員会が増えてきました。学校経営計画や学校経営方針等を1枚にまとめ、ビジュアル化したものが、グランドデザインであるかのように考えられていますが、むしろ順番は逆です。

●グランドデザインを作成しながら校長の思考を整理する

まず、校長が自校の経営についてグランドデザイン（全体構想）を立て、学校経営のビジョンや目標を明確にします。それをより詳細に示したものが、学校経営計画や学校経営方針です。学校経営計画は、校長のグランドデザインに基づいて、学校がめざす学校像を実現するために、中期的・短期的な目標とその達成のための具体的な施策を定めたものであり、学校経営方針は、グランドデザインに実効性をもたせるために学校経営の基本的な考え方や方向性を示すものです。

グランドデザインは、校長が考える学校の理想の姿やそれに近づくための具体的な方策、社会が教育に求めるものなどをわかりやすくまとめたもので、まさに校長の思考を可視化したものです。それは、学校にとっての羅針盤であり、教育活動の判断基準となります。その意味でも、グランドデザインの作成過程は、校長の思考を整理する重要な時間です。一方で、1枚にまとめるという制約のなかで、校長の表現力やデザイン力が問われます。

●グランドデザインの作成手順

グランドデザインに何をどう盛り込むかも含めて校長の判断になりますが、一般的には、教育目標とその実現に向けためざす児童生徒像やめざす教職員像、経営理念、地域や社会の要請などを関連づけながら表現していくことになります。また、設置自治体の教育ビジョン等との関連性も重要であり、必ず確認しておきたい部分です。

さらに、ＳＷＯＴ分析等の手法で学校の課題を「強みと弱み」として分析し、盛り込んでいきます。子どもたちの実態や地域の特徴、地域の教育リソースなどを客観的にとらえて盛り込んでいくことで、学校の独自性が担保されます。

グランドデザインの作成手順を整理すると、以下のようになります。

①教育目標達成のための経営理念や価値観を明確にする
②めざす学校像、児童生徒像、教職員像を明確にする
③学校の強みや弱みを分析する
④社会や地域の要請を把握する
⑤教職員等、学校関係者の意見を聞く
⑥グランドデザインをまとめる
⑦グランドデザインを公表する
⑧学校評価と連動させて評価する

例1　教育目標をめざしてロケットが飛んでいくイメージ

→ロケットの各パーツに意味をもたせている

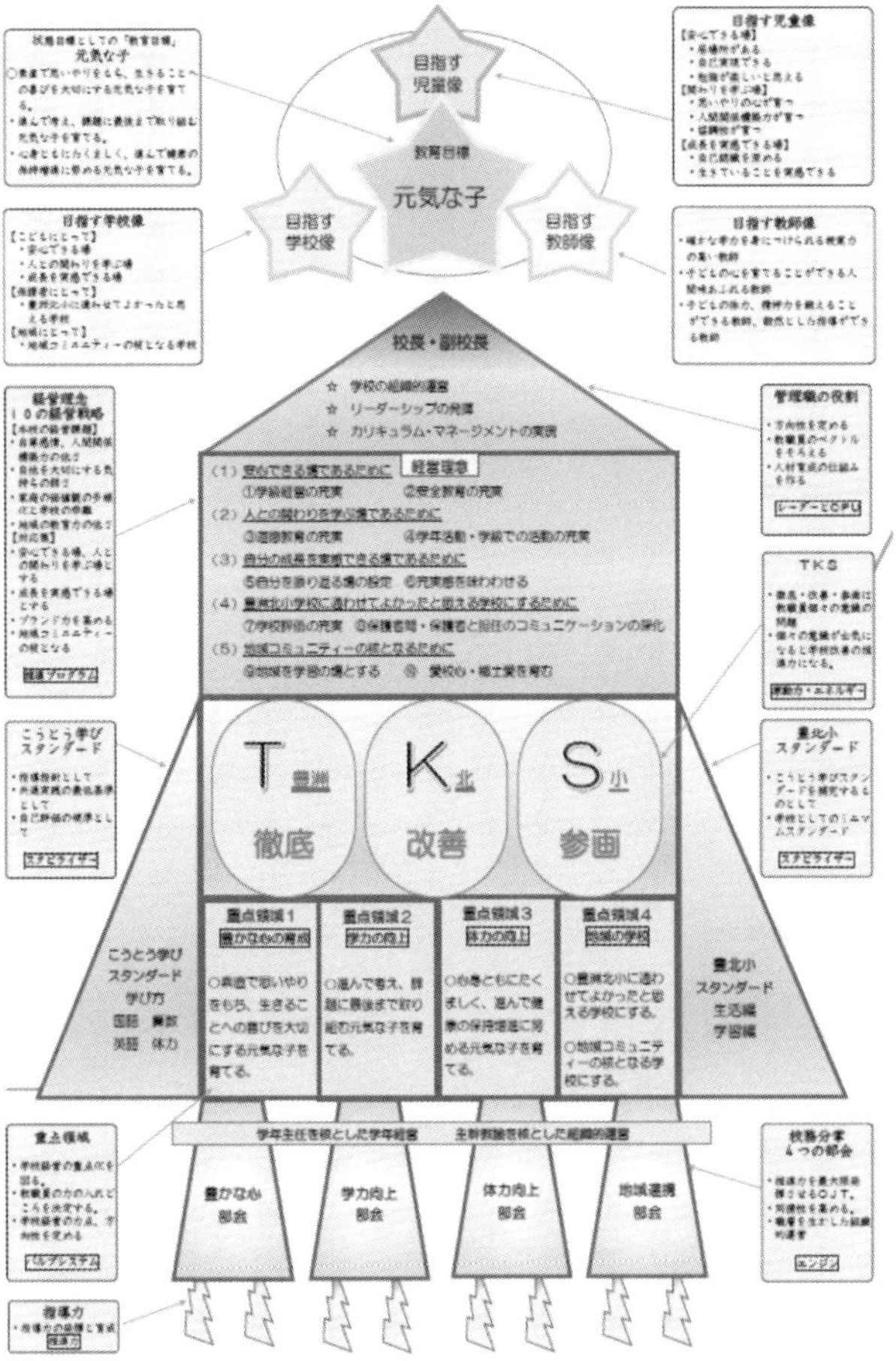

例2　校名と関連づけて大木として表現

→地域や関係団体を根を張る土壌として表現

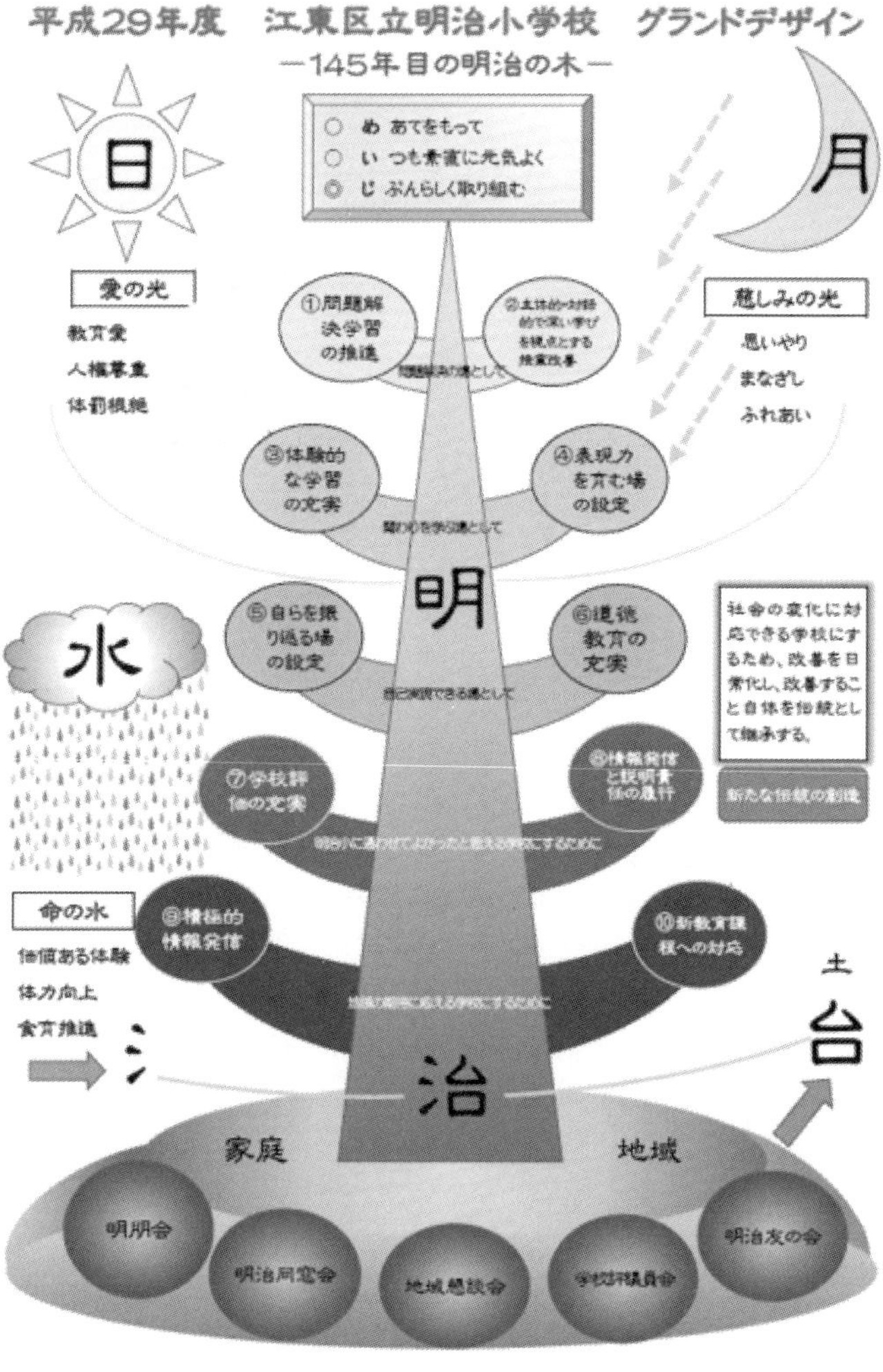

例3　大規模校の状況を連結バスで表現

→SWOT分析を入れている

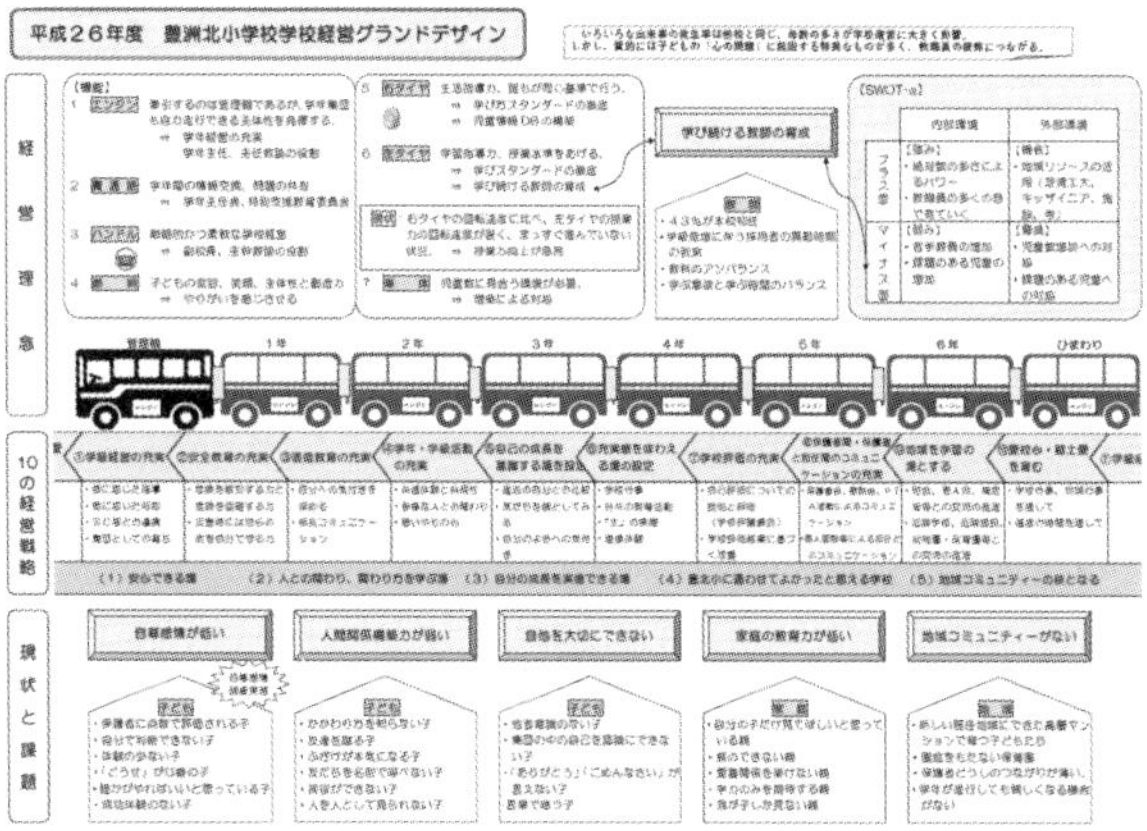

例4　校歌に込められた願いと関連づける

→社会の要請（個別最適な学び、協働的な学び）と関連づけている

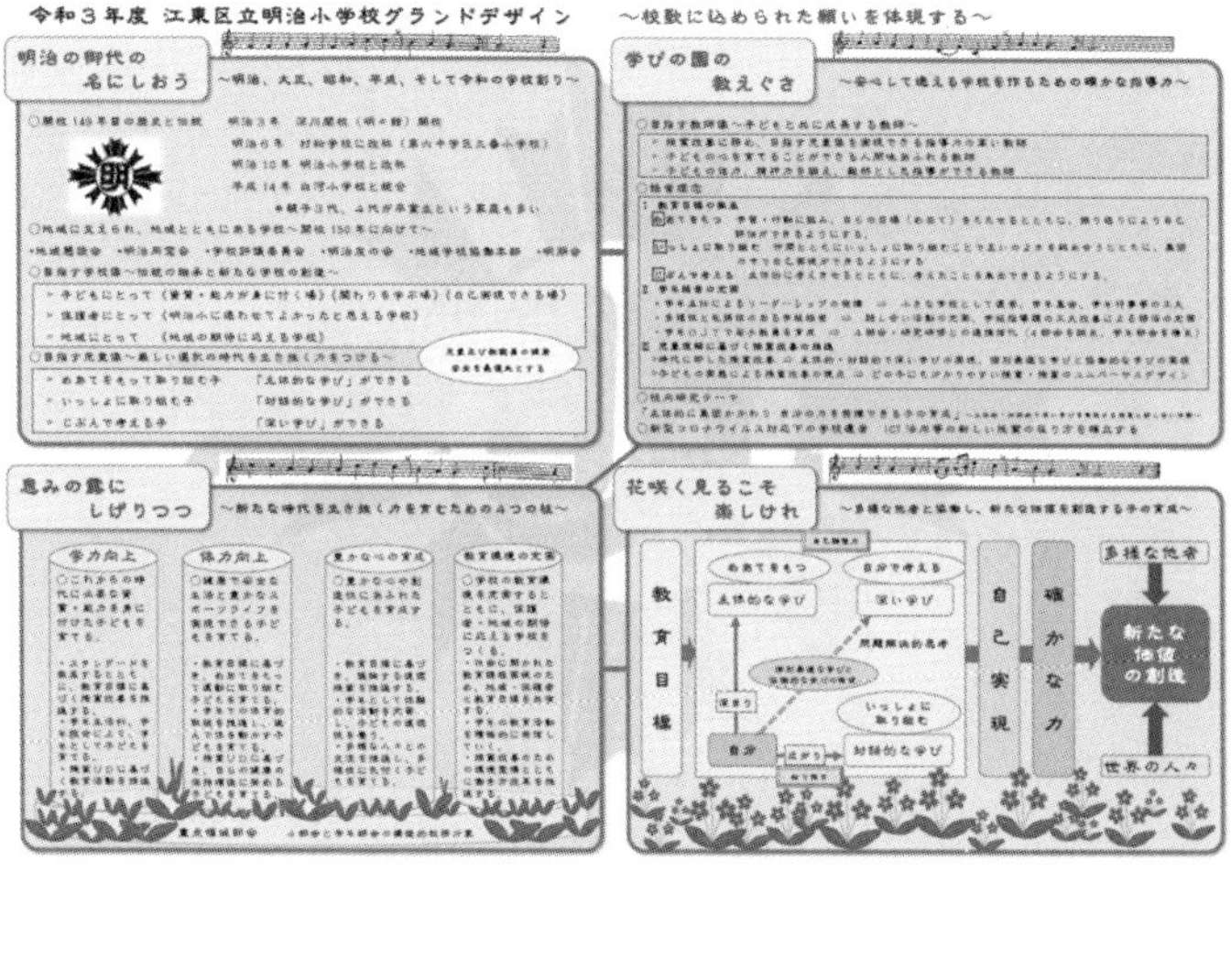

4 コミュニケーションツールとしてのグランドデザイン

学校がめざすものや、そのための方策を表現したグランドデザインは、コミュニケーションツールとしての役割があります。

●教職員との共有

羅針盤としてめざす方向とそのための行動が明確になります。学校教育計画等の資料集の冒頭に綴じ込んだり、職員室に拡大して掲示したりすることで、常に目に入るようにしておきます。ここでは、視覚として記憶されることが重要であり、そのためにも表現方法を工夫する必要があります。また、なるべく早く示しておくことでスタートをそろえることができます。

●保護者との共有

学校が何を大切にし、何をめざしているかが明確になります。年度当初の保護者会や学校説明会等の場で説明することで、保護者の不安を取り除くことができます。また、家庭でも実践してもらうよう依頼することで、学校教育と家庭教育が車の両輪となって動き出すようになります。

●地域との共有

学校の理解促進につながるだけでなく、子どもたちを地域で育てるという意識を醸成することができます。まさに、社会に開かれた教育課程の実現につながるものです。年度当初の地域の会合に持参し、お配りして説明を加えていくこともできます。そのためにも、グランドデザインはわかりやすさが求められます。

冒頭に述べたように、グランドデザインは学校評価にかかわる学校関係者評価の場面や、学校運営協議会等の会議の場でもコミュニケーションツールになります。学校経営計画では見えなかった全体像がグランドデザインで可視化され、さまざまな視点からご意見をいただくことが可能になります。

グランドデザインは、学校のホームページにも掲載するとよいでしょう。新入学の子どもをもつ保護者、転校してくる保護者、地域の方などさまざまな人々がホームページを閲覧します。そのときに、わかりやすいグランドデザインが目に入れば、第一印象がよくなります。ホームページにアップしたときの見え方も意識して作成しましょう。

●子どもたちの意見を聞いて改善し、共有する

これまでのグランドデザインは、教職員や保護者等に示すことを前提につくられてい

ました。しかし、最も共有すべき相手は、子どもたちです。子どもたちに示し、意見を聞いて改善し、共有するといった作業が必要です。それが、こども基本法の理念を体現することでもあります。既存のグランドデザインを子どもたち向けに改良するか、子どもたち向けのグランドデザインを作成するか、校種や学年によっても異なりますが、ぜひ考えていただきたいと思います。

グランドデザインの作成には時間がかかります。しかし、それはコミュニケーションツールとして、1年間使えることを考えると手を抜くことはできません。他の校長先生のグランドデザインを参考にしながら、ご自身が納得のいくものをつくってください。

第4章

校長の10のスキルアップ

現職の校長先生や、これから校長になるプレ校長に聞いた「校長としてスキルアップを図りたいこと」をもとに、校長に必要な資質・能力を10に整理し、解説します。

スキル1　人材育成力

人材育成は、学校経営の柱のひとつになっています。教育の内容や方法が大きく進展していくなかで、その対象は、若手や経験の浅い教員にとどまらず、すべての教員です。組織的な人材育成を図るためには、学校を学び合う組織に成長させていく必要があります。その仕組みや機運を醸成していくことが校長の役割です。

では、校長はどのようにその人材育成力を発揮していけばよいのでしょうか。そのヒントになるのが、「個別最適な学び」と「協働的な学び」の考え方です。

新たな研修制度と連動し、成長を支援する

教員一人ひとりの成長目標や具体的な課題を明確にし、学びの場や学びの方法を最適化していくことが、教員の個別最適な学びです。「新たな教師の学びの姿」として進め

られている教員の新たな研修制度と連動させることで、それは確かなものになっていきます。教員一人ひとりと面談し、改善目標を自ら決定できるよう支援していきます。

そして、具体的な取組を考えて順位をつけ、取り組んでいきます。校長もその状況を確認して評価します。校長の評価と教員の自己評価とをすり合わせながら成果と課題を明確にし、次の取組へとステップアップしていくといった地道な営みが教員の個別最適な学びです。

学び合える環境・仕組みをつくるのが校長の人材育成力

この個別最適な学びを前提に、組織として高め合っていくのが「協働的な学び」です。それは、「学び合う組織」（82頁参照）をつくっていくことです。先輩教員が若手教員や経験の少ない教員に教えるという構図ではなく、すべての教員が学ぶ意欲を高めながら他者から貪欲に学ぼうとする雰囲気を醸成していきます。

それは、心理的安全性を確保し、誰もが意見や考えを伝えることができ、誰もがそのことを否定しない雰囲気をつくることです。また、「わからない」「教えて」「誰か助けて」と援助要請行動が取れる組織であることも重要です。

研究授業後の研究協議会や教員研修会など、教員一人ひとりが主体的に参加し、自らの指導力を高められるように方法を工夫します。経験年数ごとのグループにしたり、授業支援ソフトを活用して個々の考えを共有できるようにしたりして、協働的な学びを実現していきます。また、ミニ研修会や校長主催の勉強会などを設定し、学ぶ環境づくりを進めていきましょう。

校長に求められる人材育成力は、自ら人材育成にあたるというよりも、仕組みや環境をつくっていくことです。教員が私的な研究会に参加し研究授業を引き受けたり、研究発表をしたりといった積極的な学びも応援したいです。学校外での学びを学校全体で共有することで、教員の学ぶ意欲は高まっていきます。このような協働的な学びは、必ず子どもたちへの授業にも反映されるはずです。

スキル2 アセスメント力

文部科学省の「公立の小学校等の校長及び教員としての資質の向上に関する指標の策定に関する指針」(令和4年8月改正)に、校長の指標について次のように説明されています。

校長に求められる基本的な役割は、大別して、学校経営方針の提示、組織づくり及び学校外とのコミュニケーションの３つに整理される。これらの基本的な役割を果たす上で、従前より求められている教育者としての資質や的確な判断力、決断力、交渉力、危機管理等のマネジメント能力に加え、これからの時代においては、特に、様々なデータや学校が置かれた内外環境に関する情報について収集・整理・分析し共有すること（アセスメント）や、学校内外の関係者の相互作用により学校の教育力を最大化していくこと（ファシリテーション）が求められる。

これからの時代の校長に求められる能力が、「アセスメント力」と「ファシリテーション力」（次項）です。

子どもたち・教職員・地域の情報すべてがアセスメントの対象

アセスメント（assessment）は、人やものごとを数値的・客観的に評価することを表し、学校現場でも特別支援教育の分野ですでに一般的になりつつある言葉です。このポイントは「客観的であること」です。評価者である校長の主観は排除されなければなりません。

ここで、「様々なデータや学校が置かれた内外環境に関する情報」とは何かを考えていきます。

まず、「様々なデータ」とは、学校が子どもたちから収集するすべてのデータです。子どもたちの学籍に関する基本データや学力調査等の結果、学校評価にかかわる学校関係者評価等のデータもアセスメントの対象です。

「学校が置かれた内外環境に関する情報」の第一は子どもたちの状況です。子どもの学力や学習意欲、性格や特性、特別支援教育の視点での理解も重要です。子どもたち一人ひとりの状況を把握するためにも、自らの目で観て感じることを大切にしなければなりません。

子どもたちと並んで教職員にかかわる情報もアセスメントの対象です。教職員一人ひとりの授業力や生徒指導力、教職員としての資質・能力も見極める必要があります。性格や得意分野などの理解も学校経営に欠かせません。教職員とのコミュニケーションを通して、客観的に把握していくためにも、校長の思考法5「好き嫌いで仕事をしない」を心がけることが大切です。

「学校内外」の「外」は、地域です。子どもたちの生活の場である地域の状況は、教育に大きな影響を与えます。特色ある学校づくりとは、地域の実態に応じた教育課程を組むことです。また、カリキュラム・マネジメントの視点では、地域の教育資源を見出し、教育課程に組み込んでいくこともポイントになります。

これらの情報を収集・整理・分析、共有するには、本章で示す他の９つのスキルが欠かせません。

スキル３　ファシリテーション力

「アセスメント力」と並んで、これからの時代の校長に求められる能力が、「ファシリテーション力」です。ファシリテーション（facilitation）は、その組織や集団の活動や仕事が容易に進行するよう支援し、うまくことが運ぶよう舵を取ることです。授業においても教師の役割は、ティーチャーからファシリテーターに変わってきています。

前項で示したように、ファシリテーションは「学校内外の関係者の相互作用により学校の教育力を最大化していくこと」と説明されています。

「学校内外の関係者」とは、子どもたちと教職員、保護者や地域の方々、関係機関も含めた学校の外の人々が考えられます。「相互作用」とは、互いに働きかけ、影響を及ぼすことです。互いをマッチングすることで効果を倍増していけば、相乗効果（シナジー）を期待することもできます。

「学校の教育力を最大化していく」とは、学校内外の関係者との連携・協働によって相互作用や相乗効果を期待していくものです。学校の教育力を高めるには、学校だけでは限界があります。そこに関係者の力をかけ合わせることで、学校の教育力を最大限に高めていきます。アセスメント力同様、校長のファシリテーション力を高めていくためには、本章で示しているスキルに加え、柔軟な発想力が欠かせません。

スキル4 コミュニケーション力

「コミュ力が高い人」「コミュ力をあげる」など、コミュニケーション力は社会人に求められる必須のスキルになっています。組織はメンバー同士のコミュニケーションで成り立っており、円滑なコミュニケーションは、組織を活生化します。

これは学校も同様です。校長のコミュニケーション力は学校経営に欠かせないスキルです。校長は自らが理想とする学校の姿を語らなければ、組織の方向性が伝わりません。学校経営計画を示して、その道筋を示していかなければ組織は動きません。さらに、教職員の声を聞かなければ独善的になり、進む道を誤るかもしれません。

子どもたちや保護者、地域の方々とのコミュニケーションも重要です。校長としての考えを伝えること、声をしっかり聞くことが校長のコミュニケーション力です。

校長のコミュニケーションに大切なのは「傾聴力」

コミュニケーションは、バーバルコミュニケーション（言語によるコミュニケーション）とノンバーバルコミュニケーション（非言語コミュニケーション）に大別されます。バーバルコミュニケーションの要素は、音声言語による「話す・聞く」、文字言語による「書く・読む」です。コミュニケーション力というと、発信力に重点が置かれがちですが、校長にとって大切なのは「聞く力」「傾聴力」です。

これは、相手の意図や感情を理解し、適切に対応することに不可欠な力です。「傾聴力」は、相手を尊重する気持ちの裏返しでもあり、聞いてくれているという実感が、校長との人間関係をよりよくしていきます（校長の「話す」「書く」については、第1章マインドセット1「校長としての言葉・文章に細心の注意を払う」をご参照ください）。

自身のコミュニケーションの癖に気づくことも大切

ノンバーバルコミュニケーションは、非言語、言葉を使わないコミュニケーションです。顔の表情や身振り手振り、身なり、声の大きさやトーンなどによって他人に与える印象は、自分で思っている以上に大きいものです。これは、言葉によるコミュニケーションのなかで無意識に行われています。

ただ、ノンバーバルコミュニケーションが強く出ると、「大きな声だった」「ジェスチャーが大きかった」など、そのことだけが印象に残ってしまい、肝心なことが伝わらないこともあります。ご自身のノンバーバルコミュニケーションの特徴や癖に気づくことも、コミュニケーション力向上の重要な手続きです。

コミュニケーションの語源は、ラテン語の“communis”「分かち合う」だといわれます。コミュニケーションで大切なことは双方向性であり、意志疎通や心の通い合い、相互理解をめざすことが重要です。話せば伝わると思っているのは、思い込みです。対話を通して、反応を見ながら、考えを引き出したり、伝え方を変えたりしていきます。対話すること自体に大きな意味があります。何でも相談に乗ってくれる校長、話しやすい校長は、職場の心理的安全性を高めます。

スキル5 指導力

校長の指導力とは、教職員を導いていく能力です。組織目標である教育目標を達成するために教職員を指導し、教育活動を活性化させていくことが校長の責務です。その道筋を示すものが学校経営計画ですが、計画を示しただけで望ましい方向に進むものではありません。教職員のモチベーションを高め、進捗状況を把握して必要な指導・助言をしていくことによって、教職員の資質・能力の総体である学校力を高めていきます。この営みが校長のリーダーシップの発揮です。

サーバント・リーダーシップで心理的安全性を確保する

第1章マインドセット2「指示から支持へ」でも述べたように、これからの校長には、教職員を支え、支持する役割が求められます。いわゆる「支配型リーダーシップ」から「サーバント・リーダーシップ」への転換です。教職員一人ひとりがもてる力を最大限に発揮できるように、職場環境を整えていくことが校長の役割となります。この概念転換をスムーズにするのが「心理的安全性の確保」です。

心理的安全性には「話しやすさ」「助け合い」「挑戦」「新奇歓迎」の4つの因子があります（『心理的安全性のつくりかた』石井遼介、2020年）。「話しやすさ」は、自分の考えを言うことができ、否定されずに聞いてくれること、「助け合い」は困ったときやわからないときに助けを求めることができ、必ず助けてくれること、「挑戦」は挑戦することを止められず、見守ってくれること、「新奇歓迎」は新しいことや他者と異なることを受け入れてもらえることです。

校長が先頭に立ってこの4つの因子の内容を実践していくことが、サーバント・リーダーシップの始まりです。気をつけなければならないのは、心理的安全性が確保された職場とは、何でも許される職場という意味ではないということです。すべての教職員が組織目標の達成をめざし、規律性をもって仕事をしていくことが前提です。第2章で述べた「ベクトルの向きをそろえる」ことと「心理的安全性の確保」を両立させることで、職場環境が整っていきます。

指示・命令・アドバイスを意識的に使い分ける

令和４年の中央教育審議会答申「『令和の日本型学校教育』を担う教師の養成・採用・研修等の在り方について」でも、「学校管理職のリーダーシップの下、心理的安全性の確保、教職員の多様性を配慮したマネジメントを実施」と示されており、校長のリーダーシップの発揮がますます重要になってきます。

校長の指導には、指示、命令、助言等が含まれますが、校長自身が意識して使い分けることで効果が高まります。教職員にも、指示、命令、アドバイス、共に考えるスタンスの指導など、校長がどのような意図で指導しているかを明言しておく必要があります。

とくに職務命令は、法令をもとに行うものであり、それなりの準備を経て発するものです。また、校長の強い指導はパワーハラスメントととらえられる場合があります。いじめの定義と同様、パワーハラスメントも受けた側の感じ方の問題であり、校長はその言動には細心の注意を払わなければなりません。教職員にパワーハラスメントを指摘されるような行為は、自身の指導力の低さとメタ認知力の低さを露呈しているようなものです。

スキル6　理解力

校長に必要な資質・能力のなかで最も重要なのが、この理解力ではないでしょうか。学校経営のすべては、校長の理解力に依存します。一方で、自らの理解力について客観的に把握するのはむずかしいものです。そこには、自らの理解の程度を理解するにも理解力が必要であるという厳しい現実があります。

インプットとアウトプットの習慣化で理解力を高める

理解力とは、事象の仕組みや状況を正しく判断する力です。学校が果たす役割、教育課程を核とした教育活動の意義と内容、子どもたちや教職員、保護者、地域など学校のすべてのステークホルダーの立場や考え、危機管理や人材育成といった経営課題、教育界の動向など、学校を取り巻くすべての事象が理解の範囲となります。

そして、事象や状況を理解するには、それらの情報をインプットする力と関係する知識を獲得していることが必須です。たとえば、校長としてのビジョンを確かなものにしていくためには、未来を見据えた教育界の動向を理解していなければなりません。さらに、その情報を得るための術を理解していなければ何も始まりません。

校長の理解力を高めるには、日々の教育活動や社会全般から情報を収集し、その意味や意義を考え、整理しアウトプットすることを習慣化していきます。さらに、自校に照らして考え、必要な策を講じる日々の業務でも思考力が発揮されます。

自身の思考過程を振り返りメタ認知力を高める

理解力を考えるとき、忘れてはならないのが「メタ認知力」です。学校教育でも一般的に語られるようになりましたが、自分自身を客観的に認知する能力です。理解力とメタ認知力は相関し、メタ認知力をあげていくことで理解力は確かなものになります。

冒頭の、自らの理解の程度を理解する力もメタ認知力です。メタ認知力が高ければ、自分の理解の状況を把握し、理解が足りないと判断すれば、理解を深めるための適切な方法をとることができます。逆に、メタ認知力が低いと、自分の理解の状況を誤って理解してしまいます。自分はわかっているという思い込みは、メタ認知力の弱さからきているのかもしれません。

メタ認知力を向上するためには、自身の思考過程を振り返ることがポイントになります。自分の理解は浅くないか、本質は別のところにあるのではないか、少ない材料で判断していないか等の振り返り、リフレクションによってメタ認知力を意識していきます。

いったん、思考を止め、その過程を振り返ってから前を向いて思考を始める。この「思考を止める」ことを習慣にするとよいでしょう。リフレクションを続けていると、自分の思考癖に気づくようになります。その気づきが理解力を高めていきます。

かつて、ＯＥＣＤのシュライヒャー教育・スキル局長は「学校の質は、授業の質を超えることはない」と言いました。これは校長にも当てはまります。学校の質は、校長の質を超えることはありません。校長の資質・能力の基本は理解力です。日々の職務を学びの場とし、理解力を高めていきましょう。

スキル７　情報収集力

学校経営は、学校を取り巻く状況を正しく把握することから始まります。この力が校長の情報収集力です。子どもたちや教職員の状況、地域の状況、学校が置かれた状況、今現在起こっている事案の状況、教育界の動向など学校にかかわる情報を多角的に収集し、分析・判断していきます（校長の情報収集力については、第1章マインドセット6「情報収集力を高める」で取り上げていますが、ここでは校長のスキルの視点で説明していきます）。

違和感をもたなければ、風景は価値ある情報にならない

情報には、おのずから飛び込んでくるものと、こちらから集めにいくものがあります。前者の方が楽に情報収集ができそうですが、むしろ逆です。たとえば、校内を回りながら毎日のように見ている子どもたちの靴箱が乱れていたとしても、そこに違和感をもたなければ情報になりません。まさに、見ていても見えていない状態です。

同じ状況を見て、それを価値ある情報とできるか否かは意識の問題です。何かあると思って見れば、情報が飛び込んできます。漫然と見ているだけでは風景にしかなりません。

風景を情報に変えるのが視点です。危機管理の視点、安全管理の視点、生徒指導的視

点、組織運営の視点など、視点を明確にしておけば、情報として見えてきます。これは、人間の脳の機能であるＲＡＳ（Reticular Activating System：網様体賦活系《もうようたいふかつけい》）の活動として説明されています。その人があることに関心をもっていると、脳はその情報を集めるのに鋭敏になるというものです。心理学用語としての「カラーバス効果」もＲＡＳの働きです。

日頃から学校教育全般への関心を高め、見る視点をもっておく

ここから学ぶべきは、日頃から学校経営や学校教育全般への関心を高めておくことです。見る視点をもっていれば、新聞やインターネットなどの文字情報から、関心のあるキーワードが浮かび上がってきます。

これは、音声情報も同様です。子どもたちや教職員の会話から聞こえてくる言葉のなかにも、引っかかる言葉をとらえることができます。とくに、人権にかかわる発言が聞こえてきたときは、その場で指摘し、指導すべきです。これが人権感覚であり、第２章の「違和感を大切にする」にもつながるものです。

風景を情報に変える視点には、アップデートが必要です。社会の動きや教育界の動き

に日頃から関心をもち、時代の流れに遅れないようにすることで、視点はアップデートされます。

たとえば、ＩＣＴ活用は、日ごとにレベルがあがっています。1年前の活用の視点では通用しません。危機管理のような普遍的な視点も、ハラスメントの視点が強調されており、視点の拡張が必要です。

校長の情報収集力は、「情報を集める術を理解し実践できる力」と「情報が飛び込んでくる仕組みをつくる力」の2つに整理できます。この2つの力は相互に補完していることを理解し、校長の情報収集力を高めていってください。

スキル8　論理的思考力

校長の仕事は、日々の問題解決です。しかし、その解法には公式がなく、これが正解というものもありません。その時点での最適解や納得解を出していくしかありません。このときに発揮されるのが論理的思考力です。

教育目標達成に向けて、どのような情報を集めるか

論理的思考力とは、物事を情報として体系的に整理し、筋道を立てて矛盾なく考える力です。ロジカルシンキング（logical thinking）ともいわれ、組織運営に欠かせない思考法になっています。

校長の問題解決の柱となるのが、教育課程に関するものです。教育目標の達成に向けて教育課程をどう編成し、どう実施していくかという問題です。たとえば、学力向上をめざして教育課程を考えていくとき、次のような情報を集めることになります。

・基準としての学習指導要領（総則を含む）
・中央教育審議会答申等の教育界の動向
・設置自治体の教育施策
・子どもたちの学力の実態（学力調査等の客観的データ、等）
・教職員の実態（指導力、組織力、等）
・校内の教育環境（学級数・教室数のデータ、等）
・学校外の教育環境（地域の実態、教育リソース、等）
・自校のこれまでの取組成果

・他校の実践事例

データを関連させて整理し、自校でできることを考える

次に、これらの情報を体系的に整理していきます。ここで重要なことは、それぞれのデータを関連させていくことです。そこで、思考ツールを使って大きな紙に整理し、関連づけていきます。学力向上に関して社会が求めるもの、子どもたちに必要なこと、自校を取り巻く環境の視点で整理していきます。この過程では、論理的思考力の要素である分析力や問題発見力などが発揮されます。

次に、自校で取り組めることを思考し、列挙していきます。他校の実践は参考にできても、そのまま導入できないのは、子どもたちの状況や自校を取り巻く教育環境が異なるからです。列挙した取組案を実現可能性の高い順に並べなおしていきます。この過程では、推論力や判断力が発揮されます。

このように筋道を立て、矛盾なく考えていく力が、論理的思考力です。組織の運営では、勘やその場の雰囲気のみで重要な判断をすることはありません。校長の論理的思考力を高めていくためにも、日々の問題解決のなかで実践していきましょう。問題の背景

も含めて論理的に分析し、問題の要因を洗い出していきます。

さらに、学校の状況にかんがみ、現時点の自校で取れる最善の方策を実行していくといったプロセスを大事にすることが大切です。

スキル9 問題解決力

前項の「論理的思考力」は校長の日々の問題解決に不可欠な思考でした。ここでは、問題解決力そのものについて考えていきます。

正解のない問題の最適解・納得解を求める

校長の問題解決の対象は、学校運営のなかで日々発生する問題と、いわゆる教育課題といわれるものに大別できます。前者は、子どもたちの生徒指導上の問題、保護者対応、教員の指導に関するものなどがあり、多種多様です。後者は、学校における働き方改革の推進、子どもたちの資質・能力の育成、社会に開かれた教育課程など、教育界の課題でもあり、自校の課題でもあります。いずれの問題も正解がないのが特徴です。校長の問題解決力は、正解のない問題の最適解や納得解を求める力ともいえます。

問題解決には、問題を認識する、原因を分析する、解決策を考える、それを実行するといったステップがあります。その場面によって４つの能力が発揮されます。

①問題認識力

いわゆる教育課題は、社会として認識されているものですが、そのことについて校長がどこまで深く認識しているかが「問題認識力」です。また、自校に照らして問題を具体的にとらえていく力も問題認識力になります。

②問題発見力

第2章の校長の思考法1「違和感を大切にする」でも解説したように、日々の教育活動のなかの違和感を「解決すべき問題」として発見する力が「問題発見力」です。

③問題分析力

問題が明確になったら、その要因を探っていきます。この分析する力が「問題分析力」です。本章のスキル7「情報収集力」を発揮して情報を収集・整理し、因果関係や影響要因などを分析していきます。多くの問題は、その要因が複雑に絡み合っています。とくに、人が要因となるとさらに複雑になります。関係図などに整理しながら思考を整理していきましょう。

④解決策立案力

問題の要因が整理できたら、解決策を考えていきます。この力が「解決策立案力」です。要因を取り除いたり、軽減したりする方法を検討していきます。さらに、学校の状況にかんがみ、実現可能性が高く、より効果的な解決策を列挙していきます。ここで重要なことは、複数の解決策を用意し、切れ目なく対応できるようにしておくことです。

問題解決力は、与えられた問題を解決する力ではなく、自ら問いを立てて問題解決を図っていく力です。日々の問題解決の営みを通して、校長の問題解決力は高まっていきます。解決をゴールとせず、その過程を振り返り、そこで得た知見や解決の手法を明確にしていくことがポイントです。これこそが、校長の学びです。

スキル10　ICT活用力

ＧＩＧＡスクール構想を契機に、学校の情報化が加速度的に進んでいます。子どもたちが自分の端末を使うことを前提に、授業のあり方も大きく変わってきました。ＩＣＴ

は校務改善にも大きく貢献し、学校における働き方改革推進の一翼を担っています。校長にとっても、得意とか不得意とか言っている場合ではありません。ＩＣＴ活用力は、校長の必須スキルです。

最新の情報を収集し、組織で取り組む

校長は、ＣＩＯ（Chief Information Officer：最高情報責任者）の役割を担っています。教育の情報化推進の計画を立て、実現していくためには、自身がＩＣＴの利活用の方法を理解し、教職員に説明するとともに、推進のための環境を整えていく実践的スキルが必要になります。

１人１台端末を活用した授業展開、家庭学習との連動、家庭と学校を結ぶコミュニケーションツール、成績等の教育情報のデータベース化、校務支援ソフトの活用による校務改善等、自校のＩＣＴ環境を最大限に活かして実現可能なことを計画的に実施していきます。ここでは、教職員の理解促進と技能取得のための研修も欠かせません。また、利活用の可能性を広げるために、ＩＣＴ環境整備のための提案や予算確保も、ＣＩＯとしての校長の役割です。

学校の情報化への取組は、日々進化しています。最新情報を発信しているサイト（186頁参照）等から情報を得て教職員に紹介したり、自校向けにカスタマイズしたりしていけば効率的に仕事が進みます。

ＣＩＯは学校の情報化の責任者であっても、実務者ではありません。具体的な取組は校務分掌に位置づけた担当者を中心に、組織として取り組むことになります。その際、一部の教職員で進めることがないよう、各学年の教職員も参画するプロジェクトチームのような位置づけの方が動きやすいかもしれません。

校長自ら学ぶ姿から、教え合い学び合う職場をめざす

校長が自らのＩＣＴ活用力を高めていくには、まず自分で使うことです。使いながら知識や技能を身につけていく学び方が最も有効なのは、子どもたちの様子を見ていればわかります。また、ＩＣＴ活用にかかわる研修会やオンラインセミナー等に参加することも、知識・技能のアップデートに欠かせません。わからないことは、詳しい教職員に教えてもらうという姿勢も大事です。そのような校長の行動が職員室全体に広がり、教え合い、学び合う雰囲気ができることをめざしたいものです。

ＩＣＴ活用能力は、教職員にとっても必須のスキルとなっています。教職員への指導・助言、人事評価の視点としても校長のＩＣＴ活用力の向上が求められます。その意味でも、ＩＣＴ活用の現状を理解し、その視点で教職員の取組を評価していかなければなりません。その際、文部科学省が作成している「教員のＩＣＴ活用指導力チェックリスト」が役に立ちます。ＩＣＴ環境の整備については「学校におけるＩＣＴ環境の活用チェックリスト」を活用すると、自校の状況を客観的に把握することができます。

〈参考文献・おすすめ図書〉

・『学習する学校──子ども・教員・親・地域で未来の学びを創造する』ピーター・M・センゲ他、2014年、英治出版
・『専門職としての校長の力量形成』牛渡淳・元兼正浩編、2016年、花書院
・『学びとは何か──〈探究人〉になるために』今井むつみ、2016年、岩波書店
・『問い続ける教師──教育の哲学×教師の哲学』多賀一郎・苫野一徳、2017年、学事出版
・『教育の効果──メタ分析による学力に影響を与える要因の効果の可視化』ジョン・ハッティ、2018年、図書文化
・『OECD Education2030プロジェクトが描く教育の未来──エージェンシー、資質・能力とカリキュラム』白井俊、2020年、ミネルヴァ書房
・『未来の学校──ポスト・コロナの公教育のリデザイン』石井英真、2020年、日本標準
・『教えから学びへ──教育にとって一番大切なこと』汐見稔幸、2021年、河出書房新社
・『心理的安全性のつくりかた』石井遼介、2020年、日本能率協会マネジメントセンター
・『あなたの授業力はどのくらい?──デキる教師の七つの指標』ジェフ・C・マーシャル、2022年、教育開発研究所
・『個別最適な学びの足場を組む。』奈須正裕、2022年、教育開発研究所
・『マップ&シートで速攻理解!最新の教育改革2023─2024』金子一彦編、2023年、教育開発研究所

■３月までにしておきたいことチェックリスト　付録

自分自身に関すること	
□	現任校の仕事の整理、後任者への引継ぎ資料の作成
□	着任校までの通勤方法と通勤経路の確認
□	着任時に提出する書類の確認
□	自己ＰＲの構想
□	自らの強みと弱みの整理
□	健康不安の解消
□	校長会等、会議・会合の年間予定の確認
着任校に関すること	
□	校長引継ぎでの確認・質問事項の洗い出し
□	ホームページのチェックによる基本情報の確認
□	前任者の「学校経営計画」の確認
□	学校評価の結果の確認
□	年度当初の予定の確認
□	校区の実地踏査
□	つくりたい学校・校長の夢のイメージづくり
□	学校経営方針の構想
□	学校経営計画の構想
□	グランドデザインの構想
□	教頭・副校長との連携方法の構想
□	危機管理マニュアルの確認
□	年度当初に発生するかもしれない危機のシミュレーション（次頁参照）
挨拶に関すること	
□	着任時の教職員への挨拶の内容
□	ＰＴＡ、地域の方々への挨拶の内容
□	始業式での挨拶・自己紹介の内容
□	入学式での挨拶の内容
原稿作成に関すること	
□	学校だより挨拶原稿の草稿作成
□	学校だよりのテーマにかかわる年間計画の構想
□	ホームページの校長挨拶原稿の草稿作成

■新年度、何があってもあわてないための心の準備

1　担任が配置できない

４月になっても教職員が配置されないことがあるかもしれません。教育委員会と連携しながら、担任以外の教職員の一時的または恒久的な配置等、校内の体制を整えて始業式を迎えられるようにしていきます。また、臨時保護者会等により保護者への丁寧な説明も必要です。

2　教職員が出勤できない

病気やけがによる長期入院等により、年度当初から教職員が出勤できないことがあるかもしれません。その期間を確認するとともに、前項同様、教育委員会と連携しながら校内体制を整えていきます。

3　教職員が服務事故を起こした

服務事故の内容によりますが、処分発令が出るまでは、子どもたちの前に立たせることはできないこともあります。この場合も前項と同様に校内体制を整えて対応していきます。また、臨時全校保護者会等により、詳細な説明と善後策の提示を行う必要があります。とくに、子どもたちにかかわる内容であれば、子どもたちの精神的ケアを最優先します。

4　感染症が拡大している

地域の感染状況を把握し、教育委員会の指導・助言を受けながら対応を決めていきます。始業式や入学式の開催の可否や開催方法の変更等、子どもたちと教職員の健康安全を最優先に、臨機応変な対応が必要になります。

5　大規模な自然災害が発生した

大地震や津波、火山の噴火、自然災害ではありませんが放射能事故など、いつ発生するかわかりません。自治体レベルの判断となりますが、学校の責任者としての校長は、自校や地域の状況を把握する必要があります。校舎の安全確認、状況によっては避難所運営の先頭に立つことになります。

6　施設・設備に不具合が見つかった

施設・設備の不具合により教育活動に支障をきたすことが判明した時点で、すぐに教育委員会に報告し、改善を求めます。安全が確認できるまでは立入禁止として子どもたちと教職員の安全を確保します。

7　保護者から要望が寄せられる

「先月、申し入れたはずなのに、なぜ、○○さんと同じクラスなんだ。」学級編制の配慮や担任の希望を申し入れる保護者がいます。前任者からの引継ぎがなかった場合は、教頭・副校長や関係教員から情報を集めることを優先し、安易に回答しないことが賢明です。申し入れの際にどう回答したかによっても、対応は変わってきます。

おわりに

校長の不祥事が後を絶ちません。校長としての資質・能力が疑われるような言動は、校長という職全体の信頼を失います。校長のパワーハラスメントによって心を病んだり、辞めていったりした教職員もおり、腹立たしく思います。校長という職の責任の重さをどのように考えているのかと問いただしたくもなります。いや、考えていないのかもしれません。校長になった時点で思考が止まっているのではないでしょうか。

幸いにして、そのような校長はごく一部です。本書を著す契機となったオンライン研修会に参加された校長先生、アンケートにご協力いただいた校長先生方の真摯な態度には頭が下がります。

校長としてのあり方やマネジメントについて体系的に学んでいない以上、校長になることは校長としての学びの始まりです。そのことを謙虚に受けとめ、真摯に学び続けなければなりません。本書でも繰り返してきたとおり、校長の学びは自校の経営のなかにあります。日々の職務を自らの学びとし、校長としての資質・能力の向上を図っていかなければなりません。それは、自身の人格形成でもあります。

上梓にあたり、教育開発研究所の皆様にはたいへんお世話になりました。とくに、本書の企画、アンケートの整理等にご尽力いただいた桜田雅美さんには心より感謝申し上げます。

喜名　朝博

■著者紹介■
喜名　朝博（きな・ともひろ）
国士舘大学教授／元全国連合小学校長会会長

東京都公立小学校教諭、東京学芸大学附属大泉小学校教諭、町田市教育委員会指導主事、台東区教育委員会統括指導主事、中野区教育委員会指導室長、公立小学校長等を経て現職。全国連合小学校長会会長、中央教育審議会初等中等教育分科会委員、同教員養成部会委員・教育課程部会委員、（独）教職員支援機構評議員、東京オリンピック・パラリンピック競技大会組織委員会顧問、（公財）日本学校保健会理事、（一財）教員養成評価機構評価委員会委員等を歴任。現在、全国連合小学校長会顧問、（一財）教育調査研究所評議員。

これからの学校を創る校長の
10のマインドセットと7つの思考法

2024年2月1日　第１刷発行

著　者　喜名 朝博
発行者　福山 孝弘
発行所　株式会社 教育開発研究所
〒113-0033　東京都文京区本郷2-15-13
TEL 03-3815-7041／FAX 03-3816-2488
https://www.kyouiku-kaihatu.co.jp
表紙デザイン　長沼 直子
印刷・製本　中央精版印刷株式会社
編集担当　桜田 雅美

ISBN 978-4-86560-586-0